hänssler

THEO SORG

Leuchtzeichen am Wege

Mit den Losungen leben

Theo Sorg, Württembergischer Landesbischof im Ruhestand

hänssler-Hardcover
Bestell-Nr. 392.835
ISBN 3-7751-2835-2

© Copyright 1998 by Hänssler-Verlag, Neuhausen-Stuttgart
Umschlaggestaltung: Stefanie Bunner
Titelfoto: Micha Pawlitzki
Satz: AbSatz Ewert-Mohr, Klein Nordende
Druck und Bindung: Ebner Ulm
Printed in Germany

Inhalt

Mit den Losungen leben

An einem Sonntagabend in der Kathedrale St. Eberhard in Stuttgart, der katholischen Bischofskirche der Landeshauptstadt. Ein Festakt zum Jubiläumstag der »Charta der Heimatvertriebenen« sollte durch einen ökumenischen Gottesdienst eingeleitet werden. In der Sakristei vergleichen wir beiden Prediger unsere Manuskripte, um mögliche Überschneidungen zu vermeiden. Als ich meinen Bibeltext nenne und kurz den Aufriss meiner Predigt darstelle, fragt mich mein Mitprediger, der Weihbischof der katholischen Diözese Rottenburg-Stuttgart, mein alter Freund Franz-Josef Kuhnle: »Wie kommst du gerade auf diesen Abschnitt? Dieser Text scheint ja wie für den heutigen Anlass geschrieben!« »Ist er auch«, antworte ich, »dieser Text steht heute in den Herrnhuter Losungen.« »Wie habt ihr Evangelischen es so gut: Ihr schlagt das Losungsbuch auf, und schon habt ihr das Wort für den Tag«, so Franz-Josef Kuhnle. Es war das Wort von der Versöhnung, von dem Frieden, den Jesus Christus gestiftet hat, als er an seinem Kreuz die alten Zäune der Trennung niederlegte: »Er ist unser Friede« (Epheser 2,14).

Die Losungen – das Wort für den Tag! Ja, man kann mit den Losungen leben wie von einer Nahrung, die uns Tag für Tag gereicht wird. Ich versuche das nun seit 50 Jahren. Wenn man in seinem Lebensalter die Zahl 70 vor sich hat, darf man darüber einmal dankbar nachdenken und Rechenschaft geben. Das soll auf den folgenden Seiten geschehen. Vor 50 Jahren, es war genau am 18. April 1948, trug ich in mein Losungsbüchlein einen Vermerk ein, der auf eine Zäsur in meinem Leben hinweist. Seitdem habe ich mir zur Übung gemacht, nach Ablauf eines jeden Kalenderjahres die Blätter aus dem Losungsbuch herauszutrennen, auf denen ich das Jahr über solche wichtigen Vermerke angebracht habe. Daraus ist in nunmehr 50 Jahren ein stattlicher Stapel geworden. Es sind Blätter dabei, durch deren Inhalt mir ein Weg gezeigt oder durch die ich gestärkt wurde, und andere, die mich beschämt, gemahnt oder korrigiert haben. So haben die Losungen ein ganzes Spektrum von Wirkungen in meinem Leben hervorgerufen. Freilich: nicht an jedem Tag. Längst nicht. Wenn ich mich dann in der Stille je und dann frage, warum mich das für diesen Tag ausgeloste Wort nicht anzusprechen scheint, dann weiß ich und freue mich darüber, dass es gewiss andere aus den Millionen der Losungleser in der weiten Welt an diesem Tag treffen und trösten wird. Oder ich warte darauf, ob mir nicht im Rückblick auf diesen Tag – abends oder erst Tage später – noch ein Licht aufgeht. Und manchmal merke ich, dass einzelne Worte eine Wirkung haben weit über den Tag hinaus. In der Pharmazie gibt es Arzneimittel mit Depotwirkung. Sie wirken anhaltend, längerfristig, für Tage, vielleicht auch für Wochen. So kann es auch bei den Losungen der Fall sein.

Ja, es sind Millionen von Lesern und Leserinnen, die an jedem Tag den Herrnhuter Losungen begegnen. In 44 Sprachen liegen heute die Losungsausgaben vor. Allein die deutschsprachige Ausgabe hatte 1995 eine gedruckte Auflage von mehr als einer Million Exemplaren. Und dabei hat alles, was mit dem Losungsbüchlein zusammenhängt, ganz klein und bescheiden begonnen.

Am Abend des 3. Mai 1728 gab Nikolaus Ludwig Graf von Zinzendorf der versammelten Brüdergemeine in der Siedlung Herrnhut in der Oberlausitz eine kurze, von ihm selbst verfasste Liedstrophe als »Parole« für den nächsten Tag auf den Weg:

»Liebe hat ihn hergetrieben,
Liebe riss ihn von dem Thron,
und ich sollte ihn nicht lieben?«

Diese »Losung«, für jeden Tag von dem Grafen neu ausgewählt und festgelegt, wurde fortan durch die Ältesten der
Gemeinde am Morgen des Tages als Leitwort in die Herrnhuter Häuser getragen. Im Jahr 1731 erschien das erste gedruckte
Losungsbuch mit dem Titelblatt »Ein guter Muth/, als das täg-
licheWohl-Leben der Creutz-Gemeine Christi zu Herrnhut ..., durch die Erinnerung ewiger Wahrheiten, alle Morgen
neu.« Seitdem erscheint das Losungsbuch Jahr um Jahr mit
steigenden Auflagenzahlen. Die Herrnhuter Losungen wurden so zum meistgelesenen Andachtsbuch in der Welt. Es ist
bewegend, wenn man im Saal des Vogtshofs in Herrnhut vor
der langen Reihe der Losungsbücher steht, die dort – von der
ersten Ausgabe an – nebeneinander zu sehen sind. Das erste
Losungsbüchlein ist kaum größer als eine Handfläche und bis
heute ist die »Handlichkeit« des Büchleins ein wichtiges Krite-
rium bei der Herstellung. Man soll es in jede Tasche stecken
können. Und auch der Einblick in die Entstehung der Losungen ist beeindruckend: Jahre voraus werden die alttestamentlichen Losungsworte nach einem festliegenden Ritus »ausge-
lost« (deshalb so frühzeitig, damit die Bearbeitung, die Über-
setzung und der Druck rechtzeitig abgewickelt werden können); zu den eigentlichen Losungen wird dann jeweils ein
passendes neutestamentliches Wort gestellt, und diese beiden
Bibelworte werden ergänzt durch einen Begleittext meditativer
Art, eine Liedstrophe oder ein Gebet.

So wichtig, so wegweisend und hilfreich die Losungen
auch sein können: Es muss hinzugefügt werden, dass der
Umgang mit ihnen allein für die Gestaltung geistlichen Lebens
auf die Dauer nicht ausreicht. Man benutzt die Losungen nur

9

dann in rechter Weise, wenn man sich durch sie anregen lässt zum Lesen der Bibel, zum tieferen Eindringen in das Ganze der Heiligen Schrift. Sie wollen eine Art Schrittmacherdienste tun, wollen Anreiz geben, mehr aus Gottes Wort zu erfahren. Sie möchten im Grunde den Losunglesern helfen, Bibelleser zu werden.

Dass mit einer Auswahl von einzelnen Bibelworten für jeden Tag auch Probleme theologischer Art und Gefahren eines falschen Gebrauchs verbunden sind, ist den Herausgebern und Bearbeitern der Losungen durchaus bewusst. Anlässlich des 250-jährigen Losungsjubiläums im Jahr 1980 hat die Brüderunität in Bad Boll eine Akademietagung »250 Jahre Herrnhuter Losungen« veranstaltet, bei der diese Probleme offen dargelegt und diskutiert wurden. Die Vorträge und Diskussionen dieser Tagung sind in Heft 7 der Brüdergemeine-Zeitschrift »Unitas fratrum« (1980) zusammengefasst. Hier ist es vor allem das fundierte Referat von Landesbischof Dr. Hans-Wolfgang Heidland, das diese Probleme darstellt und das mit großem Verständnis auf sie eingeht.

Mit der hier vorgelegten kleinen Auswahl aus meinen Losungsblättern und den Erfahrungen, die sich für mich damit verbinden (die rein persönlichen und innerfamiliären Anlässe sind aus verständlichen Gründen nicht aufgenommen), möchte ich Lesern und Leserinnen der Losungen Mut machen, dieses kleine Buch mit seiner großen Geschichte als ein tägliches Vademecum in die Hand zu nehmen und sich von ihm anregen und führen zu lassen. Auch dann, wenn es uns an manchen Tagen nichts zu sagen scheint; und auf die Gefahr hin, dass wir immer wieder einmal die beschämende Erfahrung machen, dass wir am Abend nicht mehr wissen, was wir am Morgen gelesen haben. Auch mir geht das so. Und trotzdem lebe ich gerne mit den Losungen, und ich freue mich über immer neue Entdeckungen und Erfahrungen der Treue Gottes.

Dabei können die Losungen auch über den Kreis der Gemeinde hinaus wichtige Dienste tun. Ich konnte das im Lauf der Jahre immer wieder erfahren. Nur ein Beispiel: Weil mir die Losungen persönlich so viel bedeuten, habe ich, als ich zum Landesbischof gewählt war, damit begonnen, zum Jahreswechsel jedem Mitglied unserer Landesregierung und allen Abgeordneten des baden-württembergischen Landtags, angefangen beim Ministerpräsidenten und beim Landtagspräsidenten, ein Losungsbüchlein mit einem persönlichen Brief zu schicken. Es war erstaunlich, welche positiven Reaktionen ich all die Jahre hindurch für diese kleine Aufmerksamkeit bekommen habe.

Mit den Losungen verhält es sich wie mit einem Brunnen. Sein Wasser fließt, ob wir daraus trinken oder nicht. Es ist immer für uns da, wenn wir es brauchen. Darum Dank an die Brüdergemeine in Herrnhut, dass sie uns Jahr um Jahr diesen »Brunnen lebendigen Wassers« schenkt.

Das Schlüsselerlebnis

Ich war damals etwa zehn Jahre alt, vielleicht auch zwölf. Ganz genau weiß ich das nicht mehr. Nur, dass es in der Zeit des Zweiten Weltkriegs war. Für uns Kinder war es das Größte, wenn wir in den Ferien zu den Großeltern nach Nierstein fahren durften. Der breite, majestätisch dahinziehende Rheinstrom mit seinen schwer beladenen Lastschiffen. Die weiten Weinberge ringsrum, so weit das Auge reicht. Das Haus der Großeltern mit seinen vielen Ecken und Winkeln. Der Hof des Onkels mit den Tieren – alles in allem: ein echtes Kinderparadies.

Mein Großvater hatte damals seinen Hof schon an den Sohn abgegeben. Aber er bewirtschaftete selbst noch einige Weinberge und ich durfte ihn in den Ferien oft auf seinen Wegen und bei seiner Arbeit begleiten. Wissbegierig, wie ich damals war, habe ich ihm fast den Verstand aus dem Kopf gefragt. Und geduldig, wie das nur Großeltern können, gab er mir Antwort um Antwort und befriedigte so meine Neugier. Am Sonntag gingen wir zusammen in die Kirche, die inmitten alter Wehrmauern liegt, und ich war nicht wenig stolz darauf, neben dem Großvater in der Kirchenvorstandsbank sitzen zu dürfen.

An einem Morgen waren wir wieder zur Arbeit im Weinberg aufgebrochen. Einen langen Weg mussten wir gehen, hinauf auf die Höhen über dem Rhein mit ihrem weiten, mich bis heute faszinierenden Ausblick über den Strom. Längst hatten wir das Dorf hinter uns. Mir wollte der Weg etwas zu weit werden und so fragte ich immer ungeduldiger, wann wir denn endlich am Ziel seien.

Plötzlich bleibt mein Großvater stehen. Nach einigen Augenblicken des Nachdenkens sagt er: »Wir haben heute noch nicht die Losung gelesen und gebetet. Komm, wir gehen wieder zurück.« Und so taten wir es: Den ganzen Weg gingen wir wieder zurück nach Hause und setzten uns – zur Verwunderung der Großmutter – an den Tisch auf die lange Bank. Der Großvater las die Losung aus dem Losungsbüchlein der Brüdergemeine, das ich von zu Hause kannte. Dann nahm er den Hut ab und sprach sein Morgengebet: »Führe mich, o Herr, und leite meinen Gang nach deinem Wort...« »So, nun können wir gehen«, sagte er dann.

Tief hat sich mir diese kleine Szene eingeprägt und sie hat mich für lange Zeit zum Nachdenken gebracht. Er hätte ja sagen können, so dachte ich bei mir: Wir lesen die Losung heute am Abend, wenn wir heimkommen von der Arbeit. Aber er tat es nicht. Der Weg zurück war ihm nicht zu weit. Er wollte mit dem biblischen Wort der Losungen durch den Tag gehen. Und das hat er getan mit der ihm eigenen Konsequenz.

Für mich war dieses Verhalten des Großvaters eine Art Schlüsselerlebnis: Mit Gottes Wort durch den Tag! Davon ließ er nicht ab, auch wenn der Drang der Geschäfte ihn je und dann einmal davon abhalten wollte. Lieber ging er einen langen Weg wieder zurück, als dass er auf diese geistliche Begleitung verzichtet hätte.

Dieses Schlüsselerlebnis begleitet mich bis zum heutigen Tag. Ich versuche, in der Spur meines Großvaters zu bleiben. Nicht immer gelingt mir das. Aber dass mir damals eine Richtung fürs Leben gezeigt wurde, dafür bin ich bis heute dankbar.

Der Kontrapunkt

Mehr als 50 Jahre später. Anfang August 1995. Der Tag des
Aufbruchs ist gekommen. Heute soll es in den lange erwarte-
ten Sommerurlaub, in die Schweizer Berge gehen.

Aber wie das so ist an solchen Tagen: Es geht drunter und
drüber, trotz der sorgfältigen Vorbereitungen meiner Frau.
Die letzten Utensilien werden verpackt, das Auto beladen. Die
Zimmerpflanzen müssen zusammengetragen werden, damit
der Nachbar sie leichter gießen kann. Noch ein Blick auf die
neuen Rollläden. Wird ihre Automatik funktionieren? Die
Zeitung, ja, sie ist umbestellt, die Post ebenso. Sind alle Schalter
ausgeknipst? Nun soll noch die vierjährige Enkeltochter abge-
holt werden, die mit uns in den Urlaub fahren darf. Haben wir
genügend Spielzeug für sie dabei? Das Dreirad nicht vergessen, Mütze und Sonnenbrille – und die Puppe zum Einschla-
fen! Ja, es geht drunter und drüber, kurz vor der Abfahrt.

Da kommt auf einmal meine Frau in die Küche: »Wir
haben heute noch nicht die Losung gelesen und gebetet!« In
der Tat: Vor lauter Geschäftigkeit ist das unterblieben. Und so
nehme ich das Losungsbüchlein aus dem Fach und lese:

> *»Sorgt euch um nichts, sondern in*
> *allen Dingen lasst eure Bitten in*
> *Gebet und Flehen mit Danksagung*
> *vor Gott kundwerden!«   (Philipper 4,6)*

Beschämt lege ich das Losungsbuch an seinen Platz zurück. (Die Ausgabe für die Reise ist schon eingepackt und im Auto verstaut.) Unser Aufbruch ist in ein neues Licht gerückt. Und noch mehr beschämt sind wir, als wir nach einem schönen und erholsamen Urlaub am Morgen des Rückreisetages die Losungen aufschlagen:

»Der Herr hebe sein Angesicht über dich
und gebe dir Frieden.«   *(4. Mose 6,26)*

»Der Friede Gottes, der höher ist als alle
Vernunft, bewahre eure Herzen und Sinne
in Christus Jesus.«   *(Philipper 4,7)*

Größer als unser Herz

Das älteste Blatt meiner »Sammlung« von Losungsworten liegt vor mir. Das Papier aus der Nachkriegszeit ist grau und vergilbt, an den Rändern ist es eingerissen. Es trägt das Datum: 18. April 1948.

Ich weiß noch wie heute, mit welch schwerem Kopf ich an jenem Sonntagmorgen aufgewacht bin, zerschlagen und voller Zweifel. Ich war damals Schüler der evangelischen Internatsschule in Urach, dem heutigen Stift Urach, und stand mitten im Abitur. Mit Macht stellte sich die Frage nach dem künftigen Beruf. Eine Entscheidung musste getroffen werden. Seit langem neigte sich bei mir die Waage zur Theologie. Vieles sprach dafür: die innere Berufung, die bewusst christliche Sozialisation, wie man das heute nennt, das aktive Mitarbeiten in der evangelischen Jugendarbeit. Aber dann kamen immer wieder Zweifel auf: Bin ich dazu überhaupt geeignet? Werde ich diesen Beruf ein Leben lang glaubwürdig durchhalten können, immer bereit und fähig zu Zeugnis und Dienst? Und wenn ich an mir selber und in meinem Amt verzage, was dann? So hatten mein Freund und ich den Samstagabend und die halbe Nacht in heißen Diskussionen zugebracht. Alle Argumente, die ich ihm entgegenhielt, hatte er zu widerlegen verstanden. Und dennoch sank ich ohne letzte und gültige Antwort in einen unruhigen Schlaf.

Sonntagmorgen. Die Unruhe war nicht gewichen. Was soll nun werden? Wie immer nehme ich das Losungsbüchlein zur Hand und halte meine Morgenwache. Und da lese ich die Antwort Gottes auf das Fragen und Zweifeln meines Herzens in dem Losungswort, das für den Sonntag Jubilate dort ausgedruckt stand:

>>*Daran erkennen wir, dass wir aus der
Wahrheit sind, und können unser Herz
vor ihm damit stillen, dass, so uns
unser Herz verdammt, Gott größer ist
denn unser Herz und erkennt alle Dinge.*<<
(1. Johannes 3,19.20)

>>*Aus Gnaden wird dem schwachen Herzen
das Herz des Vaters aufgetan,
wenn's unter Angst und heißen Schmerzen
nichts sieht und nichts mehr hoffen kann.
Wo nähm ich oftmals Stärkung her,
wenn Gnade nicht mein Anker wär!*<<
(Scheidt)

Das war die Antwort, die ich suchte. Die Nebel des Zweifels waren zerrissen. Ich sah den Weg vor mir: das Studium der Theologie und dann das Pfarramt. Nicht, dass ich künftig auf diesem Weg ohne Fragen und Zweifel geblieben wäre. Das nicht. Aber sie standen von jetzt an unter der Verheißung des Losungswortes, dass Gott größer ist als unser Herz.

Studienbeginn

Noch ein vergilbtes Blatt aus einem Losungsbüchlein jener frühen Zeit: 1. November 1949. Das erste Semester des Theologiestudiums beginnt. Heute ist der Einzug in das Tübinger Stift. Freudige Erwartung auf das Neue und geheime Angst vor dem Unbekannten vermischen sich in meinen Gefühlen. Wie wird es werden in Tübingen?

Wir sitzen beim Frühstück zu Hause. Bald geht mein Zug. Ich muss aufbrechen. Doch vorher greift mein Vater zum Losungsbuch und liest das Wort für diesen Tag:

> *»Der Herr wird vor euch herziehen,*
> *und der Gott Israels wird euch sammeln.«*
> *(Jesaja 52,12)*

> *»In der Welt habt ihr Angst; aber seid*
> *getrost, ich habe die Welt überwunden.«*
> *(Johannes 16,33)*

Und zwischen diesen beiden Bibelworten stand der Vers des Grafen Zinzendorf:

> *»Was uns noch hemmt den Lauf,*
> *das decke du uns auf*
> *und räum's auf die Seite.*

Und nimm die Hand darauf
von jedem deiner Leute,
dass wir einzig dir
folgen woll'n allhier.«

Begleitet von diesen Worten bin ich in den Zug gestiegen und habe am nächsten Tag in Tübingen mein Studium begonnen.

Das zweite Semester

Der Beginn des zweiten Semesters im Sommer 1950. Ich hatte während der Ferien in einer Fabrik gearbeitet, um das Geld für das Studium zu verdienen. Und zu einem neuen Fahrrad sollte es auch noch reichen. Also habe ich Überstunden gemacht, wo ich welche ergattern konnte. Man musste schon einiges an Zeit und Kraft einsetzen, um das notwendige Geld zusammenzubekommen – bei 82 Pfennigen in der Stunde.

Die Folgen ließen nicht lange auf sich warten. Ich hatte keine Rücksicht auf meine Gesundheit genommen und wurde krank. Und das kurz vor Semesterbeginn! Werde ich zum Anfang des Semesters nach Tübingen fahren können – das war die Frage, vor der ich stand.

Der erste Tag des Sommersemesters kam heran. Kann ich – oder kann ich nicht? Da schlage ich die Losungen auf und erhalte die Antwort:

*»Sorget nichts! Sondern in allen Dingen
lasset eure Bitten im Gebet und Flehen
mit Danksagung vor Gott kundwerden.«
(Philipper 4,6)*

Ich konnte – und es wurde ein für mich gutes und fruchtbares Semester.

»Soll nicht ein Volk seinen Gott fragen?«

Als Student besuchte ich in Tübingen regelmäßig die Veranstaltungen des Studentenbundes für Mission. Denn der Mission galt von Jugend auf mein besonderes Interesse. Eines Tages übertrug man mir die Leitung des Tübinger Kreises. Und wieder einige Zeit später wurde ich zum Vorsitzenden aller studentischen Missionskreise an den deutschen Universitäten gewählt. Das brachte mir vermehrte Arbeit und Verantwortung: Besuche in den einzelnen Missionskreisen, Korrespondenz, Sitzungen und Konferenzen. Unvergesslich ist mir bis heute die Missionskonferenz für Studenten in Jöllenbeck/ Westfalen, die ich im Jahr 1952 vorzubereiten und zu leiten hatte. Mit dieser Aufgabe war zugleich ein Sitz im Deutschen Missionstag verbunden, jenem »erlauchten Gremium« der großen Namen, die ich bisher zum größten Teil nur aus ihren Büchern kannte: Freytag und Hartenstein, Ihmels und Knak, Pörksen und Schlunk. Und ich war ein junger Student, gerade 23 Jahre alt!

An einem der Sitzungstage nahm mich am Abend der Vorsitzende, Professor Freytag aus Hamburg, auf die Seite und eröffnete mir, dass ich für die bevorstehende Weltmissionskonferenz als Jugenddelegierter vorgesehen sei. Ich wollte es zuerst nicht glauben, so überrascht war ich durch diese Nachricht. Aber dann kam Tage später mit der Post die offizielle Einladung. Nun ging es mit Eifer an die Vorbereitung. Mein Schulenglisch musste ich aufpolieren, die neueste Literatur zur Mission durchsehen, die Vorbereitungspapiere studieren.

Am 5. Juli 1952 wurde die Konferenz in Willingen, einem kleinen Kurort im Waldecker Bergland, westlich von Kassel, eröffnet. Für eine Woche versammelte sich dort alles, was in der weltweiten Mission Rang und Namen hatte: Kirchenführer und Missionsexperten, Wissenschaftler und Pioniermissionare, und mitten unter diesen Größen eine Hand voll kleiner studentischer Teilnehmer, wiederum aus aller Welt, aus Indien, aus Indonesien, aus Afrika und ich als Europäer. Zum ersten Mal begegnete ich hier Menschen, von denen ich bisher nur literarisch Kenntnis genommen hatte. Da war der amerikanische Professor Mackay als Vorsitzender, der Chinese Dr. Leung, J. Y. Kim aus Südkorea, der Missionshistoriker Latourette aus USA, Dr. Moses aus Indien, der Holländer Hendrik Kraemer, nicht zu vergessen der Lordbischof von Manchester, und aus Deutschland neben den bekannten Missionsleuten die Bischöfe Otto Dibelius und Hanns Lilje. Ja, und dann wir kleinen Jungen!

Jeden Tag wurde nach den Bibelarbeiten hart gearbeitet, gefragt und gerungen. Es ging zentral um die Frage, wie die Kirche ihre missionarische Identität angesichts der radikalen Veränderungen in der Welt bewahren und ihren biblischen Auftrag der Völkermission erfüllen kann. Fragen über Fragen türmten sich auf. Doch immer wieder geschah es, dass die Leiter der Arbeitsgruppen die Redebeiträge unterbrachen und zur Stille und zum Gebet riefen. Das wurde mehr und mehr zur geheimen Mitte der Konferenz. Denn unter diesem Zeichen hatten die Willinger Tage begonnen.

Am Samstag, 5. Juli 1952, dem Eröffnungstag, hatten viele der Konferenzteilnehmer das gleiche Erlebnis. Als wir am Morgen die Herrnhuter Losungen aufschlugen, war es, wie wenn Gott selbst die Losung für die kommenden Tage ausgeben würde:

»Soll nicht ein Volk seinen Gott
fragen?«　　　　　　*(Jesaja 8,19)*

Und darunter stand die Gebetsbitte von Paul Gerhardt:

»Sprich Ja zu meinen Taten,
hilf selbst das Beste raten;
den Anfang, Mitt und Ende,
ach Herr, zum besten wende.«

Deshalb also waren wir in Willingen versammelt, Vertreter aus fast allen Nationen der Erde. Es ging nicht in erster Linie darum, dass die älteren Kirchen die jüngeren befragten oder umgekehrt, auch nicht darum, dass bedeutende Leute nach ihrer Erkenntnis und ihrem Urteil gefragt wurden. Sondern das war die Mitte: Wir waren beisammen, um als Gottes Volk den gemeinsamen Herrn zu fragen: »Was willst du, dass wir tun sollen?« Aus diesem stillen betenden Fragen heraus hat die Willinger Weltmissionskonferenz ihre Botschaft gefunden und formuliert, dass die weltweite Christenheit unter der Berufung steht, auch in einer sich radikal verändernden Welt ihren missionarischen Auftrag festzuhalten und angesichts der massiven Säkularisierung und im Angesicht neu erwachender Religionen zu Zeugnis und Dienst bereit zu sein.

Gottes Zeit ist die beste Zeit

Am 1. Oktober 1952 eilte eine Nachricht durch unser Land, die alle, die mit der Kirche verbunden waren, in tiefe Erschütterung versetzte: »Prälat Hartenstein ist verstorben.« Viele konnten es nicht fassen. Ein Mann, dem Kirche und Mission in den Kriegs- und Nachkriegsjahren Entscheidendes verdankten. Ein Mann, getragen von kirchenweitem Vertrauen, der Brücken schlagen und verschlossene Türen öffnen konnte. Erst 58 Jahre alt! Kurz zuvor hatte er auf dem Stuttgarter Kirchentag seine viel beachteten Bibelarbeiten über Texte aus dem 2. Buch Mose gehalten, hatte die Universität Heidelberg ihn durch die Verleihung der theologischen Ehrendoktorwürde ausgezeichnet. Und den Tag vor seinem Tod hatte er als Mitglied der Kirchenleitung und Stellvertreter des Landesbischofs in der wöchentlichen Sitzung des Oberkirchenrats verbracht, und niemand konnte ahnen, dass er in der folgenden Nacht aus diesem Leben abgerufen werden würde.

Ich selbst war Prälat Hartenstein mehrfach begegnet, persönlich und literarisch. Im Juli 1952, also nur wenige Monate vor seinem Tod, gehörten wir beide zur deutschen Delegation bei der Weltmissionskonferenz in Willingen, er als ein etablierter und anerkannter Sprecher von Kirche und Mission, ich als junger Theologiestudent, der bei dieser Konferenz die missionarische Arbeit unter Jugendlichen und Studenten vertreten durfte. So ergaben sich ungezwungen persönliche Kontakte und Gespräche.

Schon damals haben mich die Predigten, die Bibelauslegungen und die grundlegenden Arbeiten Hartensteins zur

Mission besonders berührt und beeindruckt. Seine heilsgeschichtliche Schau der Mission als Auftrag der Gemeinde Jesu Christi zwischen Himmelfahrt und Wiederkunft ist für mich bis zum heutigen Tag Maßstab und Impuls für mein eigenes theologisches Arbeiten und für mein kirchlich-missionarisches Engagement geblieben. Nicht von ferne konnte ich damals ahnen, dass ich später einmal einer seiner Nachfolger im Stuttgarter Prälatenamt und auf der Stiftskirchenkanzel werden würde.

Das alles hat auch bei mir zu der Frage geführt, warum Gott seiner Kirche diesen Mann so früh genommen hat, ihn, von dem wir noch so vieles hätten erwarten dürfen. Da hat mir der Blick in das Losungsbuch eine neue Sicht dieses Lebens und Sterbens gegeben. Dort standen unter dem 1. Oktober 1952, dem Sterbetag Karl Hartensteins, die beiden Bibelworte:

>>*Ich bin mit dir gewesen, wo du hingegangen bist.*<<   (*2. Samuel 7,9*)

>>*Die Hand des Herrn war mit denen, die das Evangelium vom Herrn Jesus predigten, und eine große Zahl ward gläubig und bekehrte sich zu dem Herrn.*<<   (*Apostelgeschichte 11,20.21*)

Wie ein Schlussstrich Gottes standen diese Worte unter dem nun abgeschlossenen Leben. Und in aller Erschütterung und den vielen offenen Fragen bahnte sich bei vielen ein Weg zu der Erkenntnis: >>Gott hat es alles wohl bedacht und alles, alles recht gemacht. Gebt unserm Gott die Ehre!<<

Das Wort zur rechten Stunde

Es waren die Jahre, in denen die christliche Jugendarbeit von heftigen Auseinandersetzungen geprägt war. Neben die herkömmlichen Vereine und Jugendgruppen, die eine lange und segensreiche Tradition aufzuweisen hatten und die im Kirchenkampf der dreißiger Jahre bewährt waren, traten neue Arbeitsformen, die mit der gewohnten Art, Jugendarbeit zu treiben, nicht nur äußerlich in Konkurrenz standen. Es waren vor allem inhaltliche Diskussionen, die das Feld beherrschten. Während die einen die Arbeit mit der Bibel und die Verbindung zur Gemeinde in die Mitte rückten, waren die anderen stärker gesellschaftspolitisch orientiert. Sie nahmen die jeweilige Situation der jungen Menschen zum Ausgangspunkt ihrer Bemühungen und arbeiteten im Wesentlichen übergemeindlich. So war es unvermeidlich, dass es immer wieder zu Auseinandersetzungen kam. Fast unversöhnlich standen sich – zumindest in der Anfangsphase – die Fronten gegenüber.

Die Evangelische Akademie Bad Boll wollte in dieser festgefahrenen Situation den Versuch machen, die unterschiedlichen Positionen miteinander ins Gespräch zu bringen und Brücken zu bauen von einem Ufer zum anderen. So lud sie auf Anfang Januar 1958 zu einer großen Tagung nach Bad Boll ein, bei der Vertreter der verschiedenen Richtungen zur Diskussion ihrer Standpunkte zusammenkommen sollten. Auf dem Programm stand, dass ich – ein junger Jugendpfarrer, der ich damals war –, die traditionell-gemeindliche Seite als Hauptreferent zu vertreten hatte; für die andere Seite wurde ein bekannter Theologe aus dem Norden eingeflogen. Das Interesse war groß; die Zahl der angemeldeten Teilnehmer überstieg alle Erwartungen. Vor allem waren es Theologen, die sich für diese Tagung angemeldet hatten.

Die Konferenz rückte näher und meine Bangigkeit stieg. Da geschah das Unerwartete: Just an dem Tag des Beginns versagte meine Stimme. Auch nicht den leisesten Ton konnte ich mehr herausbringen. Selbst im Flüsterton war eine Verständigung unmöglich.

Für die Tagungsleitung bahnte sich eine kleine Katastrophe an. Fieberhaft wurde versucht, einen Referenten zu finden, der für mich in die Lücke springen könnte. Die Telefone liefen heiß – ergebnislos. So musste die Tagung ohne mich beginnen. Alles richtete sich auf einen reichlich einseitigen Verlauf der Tage ein.

Am nächsten Morgen, dem Haupttag der Begegnung, wollte ich mit meiner Frau die Losungen lesen, nicht bedenkend, dass ich ja nicht sprechen konnte. Doch plötzlich war die Stimme wieder da. Klar und vernehmlich las ich vor, war für den 8. Januar 1958 im Losungsbüchlein stand:

»*Der Herr reckte seine Hand aus und
rührte meinen Mund an und sprach zu mir:
Siehe, ich lege meine Worte in deinen
Mund.*«　　　　　　　　　(*Jeremia 1,9*)

»*Stell mich vor dein Angesicht,
lösche alles eigne Licht;
mache deine Weisheit kund,
Herr, durch meinen Menschenmund.*«
　　　　　　　　　　　(*F. Woike*)

27

Und nun, Herr, siehe an ihr Drohen und
gib deinen Knechten, mit aller Freudig-
keit zu reden dein Wort.«
(Apostelgeschichte 4,29)

Jetzt konnten wir nur noch staunen. Ich weiß, dass man einen solchen Vorgang auch psychologisch erklären und plausibel machen kann. Für mich aber war hier ein Wunder geschehen. Das Wunder, dass Gott spricht. Er hat mir durch dieses Wort der Losung gezeigt, dass es nicht auf unsern menschlichen Eifer ankommt, dass wir Gottes Sache nicht mit »Heer oder Kraft« verteidigen müssen, sondern uns darauf verlassen dürfen, dass allein die Macht seines Wortes zum Ziel führt.

So bin ich an diesem Morgen frohgemut und zuversichtlich nach Bad Boll gefahren. Gerade noch rechtzeitig war ich dort, konnte meinen Standpunkt darlegen und in der Diskussion Rede und Antwort stehen. Es gab nicht den befürchteten Bruch, sondern – bei aller Klarheit der Positionen – eine gegenseitige Verständigung und fortan auch weithin ein gemeinsames Handeln. Und mit meinem Ko-Referenten entwickelte sich eine Freundschaft, die bis heute besteht.

Unter Gottes Führung

Unser Urlaub neigte sich dem Ende zu. Schöne sonnige Tage hatten wir erlebt, meine Frau und ich, in der letzten Augustwoche 1960. Ein großer Schritt lag vor uns. Während ich bisher das Jugendpfarramt für die Stadt Stuttgart innehatte, sollte ich nun Verantwortung für das ganze Land übernehmen. Und dabei war ich erst 31 Jahre alt. Da kann es einem schon bange werden. Deshalb hatten wir die Tage des Ausschnaufens im Südschwarzwald richtig genossen. Denn nun kam der Umzug, das Kennenlernen der neuen Aufgabe und vieles mehr auf uns zu. Da war es uns eine große Hilfe, als wir am Tag der Rückreise nach Stuttgart die Losung aufschlugen und dort lasen:

»Haltet mich nicht auf; denn der
Herr hat Gnade zu meiner Reise
gegeben.«   *(1. Mose 24,56)*

Aber das war nicht die einzige Ermutigung, die wir erfuhren. Wie an einer Perlenkette aufgereiht konnten wir in den folgenden Tagen und Wochen Verheißungen Gottes lesen, als wären sie speziell für uns geschrieben.

Am 3. September 1960 trat ich mein neues Amt an unter den Losungsworten:

»Der Herr rief Samuel. Er aber
antwortete: Siehe, hier bin ich.«
         (1. Samuel 3,4)

»Du darfst nicht zaudernd wählen,
nicht rechnen und nicht zählen;
er ruft, du folgst dem Herrn.«
                    (nach J. F. Möller)

»Jesus sprach zu dem Jüngling:
Komm und folge mir nach.«
                    (Matthäus 19,21)

Wenig später war der erste württembergische Jungmännertag auf dem Killesberg in Stuttgart, den ich als Leiter des Jungmännerwerks in unserem Land zu verantworten hatte. Am Vorabend dieses Tages war in der übervollen Stuttgarter Leonhardskirche meine Investitur. Der Tag, es war der 8. Oktober 1960, stand unter der Losung:

»Weise mir, Herr, deinen Weg, dass
ich wandle in deiner Wahrheit; er-
halte mein Herz bei dem Einen, dass
ich deinen Namen fürchte.«   *(Psalm 86,11)*

»Herr Jesu Christ, dich zu uns wend,
dein' heilgen Geist du zu uns send,
mit Hilf und Gnad er uns regier
und uns den Weg zur Wahrheit führ.«
                    (Herzog Wilhelm II. zu Sachsen-Weimar)

Es wurden unter diesen Losungsworten schöne und erfüllte Jahre mit den jungen Menschen in unserem Land. In jener Zeit entstanden Freundschaften, die bis heute dauern.

Pflüget ein Neues

Es war ein ausgesprochen gewagtes Unternehmen, damals im Frühjahr 1965. Gerade zwei Jahrzehnte zuvor war der Zweite Weltkrieg zu Ende gegangen mit all den Schrecklichkeiten, die er gebracht hatte. Vor allem war es die tiefe Kluft zwischen Israel und den Deutschen, die wie ein Bann auf unserem Volk lag. Unsagbar Schweres war durch uns Deutsche den Juden in unserem Land zugefügt worden. Sechs Millionen Menschen waren der nationalsozialistischen Diktatur zum Opfer gefallen. Erst nach Ende des Krieges drangen die Berichte über das Morden in den Konzentrationslagern in die breite Öffentlichkeit. Es war vor allem unsere jüngere Generation, die erschüttert vor diesem Geschehen stand. Aber es blieb nicht bei einer emotionalen Erschütterung. Unter den jungen Menschen erhob sich die Bereitschaft, das ihnen Mögliche zu tun, um über den tiefen Graben der nationalsozialistischen Verbrechen hinweg ein neues Verhältnis zu Israel in die Wege zu leiten.

So entstand im württembergischen Jungmännerwerk, das ich damals leitete, der Plan, mit einer ausgewählten Jugendgruppe nach Israel zu fahren und ein Aufbaulager in einem Kibbuz durchzuführen. Wir wollten damit ein Zeichen dafür setzen, dass junge Menschen aus Deutschland bereit sind, durch ihrer Hände Arbeit die Aufrichtigkeit ihres Bemühens um Vergebung und Versöhnung zu unterstreichen.

Nicht ohne Bangen bestiegen wir an einem kalten März-tag 1965 das Flugzeug, das uns in wenigen Stunden nach Tel Aviv brachte. Von dort ging es im Bus an unsern Einsatzort, dem Kibbuz Tel Katsir am Südende des Sees Genezareth, nahe dem Ausfluss des Jordans. Wir wurden dort freundlich aufgenommen. Gleichzeitig aber erfuhren wir, dass es Kibbuzbewohner gab, die für die Dauer unseres Aufenthalts den Kibbuz verlassen hatten, weil sie nicht mit Deutschen zusammentreffen und zusammenleben wollten. Es gab in der Tat kein einziges Mitglied der Siedlung, das nicht nächste Angehörige in einem deutschen KZ verloren hatte.

Es war für unsere Gruppe eine Zeit harter Arbeit, immer wieder unterbrochen durch das Feuer feindlicher Waffen, die von den Golanhöhen herunter Ziele auf israelischem Gebiet beschossen. Wir legten unter fachkundiger Leitung eine Bananenplantage an und haben dabei manchen Schweißtropfen vergossen.

Vom frühen Morgen bis zur Mittagshitze dauerte die Arbeitszeit, die Nachmittage waren frei. An den Abenden gab es intensive Begegnungen und Diskussionen mit den Bewohnern des Kibbuz. Unvergesslich bleibt mir ein Abend im Gemeinschaftshaus der Siedlung, an dem wir vor den Bewohnern offen über die Schuld der Deutschen reden und die Israelis um Vergebung und um Schritte der Versöhnung bitten konnten.

Wir hatten das Aufbaulager von Anfang an bewusst unter das Wort aus dem Propheten Jeremia gestellt: »Pflüget ein Neues und säet nicht unter die Hecken« (Jeremia 4, 3). Dieses Wort rückten wir in den Mittelpunkt jenes Abends. Und es blieb nicht ohne Wirkung. Die Begegnungen wurden fortan freier, die Gespräche offener, das Verhältnis untereinander herzlicher. So fiel es beiden Seiten am Ende schwer, voneinander Abschied zu nehmen, als unsere Zeit zu Ende war. Es war offensichtlich gelungen, »Neues zu pflügen«. Die sich anschließenden Tage wollten wir für eine kleine Omnibusreise zu einigen biblischen Stätten in Israel nützen.

Am Tag der Heimreise, dem 2. April 1965, schlug ich am Morgen die Losung auf, um mich auf die Abschlussandacht vorzubereiten. Und was lese ich da als Wort für den Tag?

>*Pflüget ein Neues und säet nicht*
unter die Hecken.« *(Jeremia 4,3)*

Fast wollte es mir die Sprache verschlagen. Es war, wie wenn durch dieses Losungswort Gott sein Ja gesagt hatte zu unserem Vorhaben. Tief beeindruckt stellten wir uns als ganze Gruppe unter dieses Prophetenwort, dessen gewiss, dass unsere Schritte zur Versöhnung nicht vergeblich waren.

Mehr als drei Jahrzehnte später. An einem Dezemberabend 1996 schreibe ich zuhause dieses Erlebnis nieder. In mir klingt das alte Wort des Propheten nach, und durch meine Gedanken geht die Frage, wo wir denn heute ein Neues zu pflügen haben. Am nächsten Morgen nehme ich wie gewohnt nach dem Frühstück das Losungsbüchlein aus dem Schubfach und will meiner Frau das Wort für diesen Tag, den 18. Dezember 1996 vorlesen. Und ich lese:

>*Pflüget ein Neues, solange es Zeit ist,*
den Herrn zu suchen!« *(Hosea 10,12)*

Jesus – das Licht der Welt

CVJM-Weltrattagung 1965 in Tozanso / Japan. Von allen Himmelsrichtungen kamen die Delegierten an. Unwillkürlich fühlte man sich an das Jesuswort erinnert: »Es werden kommen von Osten und von Westen, von Norden und von Süden, die zu Tisch sitzen werden im Reich Gottes« (Lukas 13, 29). Ich gehörte zur Delegation des deutschen CVJM. Unvergessliche Eindrücke lagen hinter uns, Taipeh mit seinen Tempeln und Hongkong – andere sollten auf der Rückreise folgen: Manila, Delhi, Taj Mahal, Karatschi. Und dann Japan selbst! Tokio, die hektische Metropole, Kyoto, die Stadt der alten Tempel und Schreine, und als Höhepunkt der Fujijama, dieser majestätische Berg mit seiner schneebedeckten Kuppe.

Wir waren froh, als wir die großen Städte hinter uns hatten und in einer neu erbauten Tagungsstätte in Tozanso unser Quartier beziehen konnten. Es war ein großes Stück Arbeit, das vor uns lag: die Neubesinnung auf den Auftrag und Weg des weltweiten CVJM in einer Gesellschaft des Umbruchs. Viele Strömungen der verschiedensten Art beeinflussen eine solche Bewegung, die zwar aus einer gemeinsamen Wurzel kommt, sich aber unter den Einflüssen der jeweiligen religiösen, politischen und wirtschaftlichen Umwelt sehr verschieden entwickelt hat. Der CVJM stellt sich in einem christlich geprägten Umfeld anders dar als in einem buddhistischen. Wird es gelingen, hier den gemeinsamen Nenner zu finden? Werden wir, bei aller notwendigen Verschiedenheit der Akzentsetzung, einen Weg miteinander gehen können, der dem ursprünglichen Wesen und der Zielsetzung des CVJM entspricht?

Die Eröffnung der Konferenz durch den Präsidenten des Weltbundes, den Finanzminister des westafrikanischen Staates Liberia, war am Sonntag, den 8. August 1965. Ein feierlicher Akt. Als ich am Morgen dieses Tages mit meinem Freund Walter Arnold, mit dem ich während der ganzen Reise das Zimmer teilte, die Losung las, waren unsere Befürchtungen vorüber. Denn dort standen Worte, die sich während der Konferenz von Tag zu Tag bestätigten:

»Viele Völker werden hingehen und
sagen: Kommt, lasst uns auf den Berg
des Herrn gehen, zum Hause des Gottes
Jakobs, dass er uns lehre seine Wege
und wir wandeln auf seinen Steigen!«
(Jesaja 2,3)

»Lass die Völker allzumal schauen
deines Lichtes Strahl.«   (J. Fr. Bahnmaier)

Trost unter Tränen

Ein dunkler Schatten lag über dem Christfest 1971. Wenige Tage zuvor, am 20. Dezember, war einer unserer jungen Mitarbeiter aus der Stuttgarter Jugendarbeit tödlich verunglückt. Ein Autofahrer hatte ihn am Abend, als er mit seinem Mofa auf dem Heimweg war, von hinten überrollt. Er war einer jener Leute, von denen man in der Zukunft einiges hätte erwarten dürfen, ein Student mit wachem Geist und einer innerlich klaren Stellung. Am 22. Dezember hätte er seinen 23. Geburtstag feiern können. An jenem Tag stand in der Losung das Psalmwort:

>*»Meine Tage sind dahin wie ein Schatten,*
>*und ich verdorre wie Gras.*
>*Du aber, Herr, bleibst ewiglich*
>*und dein Name für und für.«*
>
>*(Psalm 102,12-13)*

Neben diesen so pessimistisch klingenden Blick auf unser menschliches Leben und seine Vergänglichkeit hatten die Bearbeiter der Losungen den Hinweis auf das mit Jesus erschienene neue Leben gesetzt:

>*»Johannes schreibt: Das Leben ist erschienen*
>*und wir haben gesehen und bezeugen*
>*und verkündigen euch das Leben,*
>*das ewig ist.«*   *(1. Johannes 1,2)*

Am Tag nach Weihnachten war die Beerdigung. Eine unübersehbar große Zahl junger Leute war auf dem Stuttgarter Pragfriedhof versammelt. Es wurde keine Trauerfeier im üblichen Sinn. Die Eltern des Verstorbenen hatten mich gebeten, die Feier unter das Wort des greisen Simeon aus der Weihnachtsgeschichte zu stellen:

»Herr, nun lässt du deinen Diener in
Frieden fahren, wie du gesagt hast;
denn meine Augen haben deinen Heiland
gesehen.«   *(Lukas 2,29-30)*

Ja, Siegberts Augen hatten den Heiland gesehen. Dafür konnten wir bei allem Schmerz nur danken.

Geleitet und getragen

Es war ein großer Schritt, den ich vor mir hatte, der Schritt vom Gemeindepfarramt in die Kirchenleitung. Jahrelang war ich Pfarrer an der Stuttgarter Stiftskirche gewesen, und ich hatte mich an diesem Platz über die Maßen wohl gefühlt. Nicht nur die Arbeit in einer Citygemeinde war es, die immer wieder vor neue Überraschungen und Herausforderungen stellte. Vor allem kam der regelmäßige Predigtauftrag auf der Stiftskirchenkanzel vor der sich dort versammelnden großen Gottesdienstgemeinde meinen persönlichen Gaben und meiner theologischen Absicht in besonderer Weise entgegen. Mit überwältigend großer Stimmenzahl hatten mich zwei Jahre zuvor die Stuttgarter Gemeinden in die Landessynode gewählt. Und, was nicht gering anzuschlagen ist: Meine Familie fühlte sich beheimatet, unsere Kinder hatten im Stadtzentrum Wurzel gefasst, treue Gemeindeglieder hatten uns durch schwere Krankheitsjahre eines unserer Kinder hindurch begleitet und getragen. Und das alles sollte ich nun aufgeben?

Aber die Entscheidung und der Ruf des Landeskirchenausschusses waren eindeutig. Viele meiner Freunde drängten mich zu einem Ja. Ich konnte im Grunde nicht ausweichen. Und zudem: Das Theologische Dezernat der württembergischen Landeskirche umfasste die Verantwortung für Bereiche kirchlicher Arbeit, denen von jeher mein besonderes Interesse galt: Bekenntnis, Gottesdienst, Sakramente, Amtshandlungen, Gemeindeaufbau, Lektorendienst, auch die Verbindung zu den einzelnen Gruppierungen in der Landeskirche, vor allem zu den pietistischen Gemeinschaften. Und nicht zu vergessen: Es waren die Nach-68er-Jahre, in denen auch in unserer Landeskirche manche Verunsicherungen und Turbulenzen im Blick auf Lehre und Leben, auf Ausbildung und Orientierung entstanden waren. Durfte ich mich den hier zu erwartenden Auseinandersetzungen entziehen? Und auf der anderen Seite: Würde ich dieser schwierigen und verantwortungsvollen Aufgabe gewachsen sein? Diese Fragen bewegten mich und meine Frau bis in die Nächte hinein.

Schließlich wurde mein Dienstbeginn im Oberkirchenrat auf den 1. September 1973 festgesetzt. Mit nicht leichtem Herzen sah ich diesem Tag entgegen. Doch dann gaben mir die Losungen für diesen Tag ein Wort, das ich mir persönlich zu eigen machen konnte und das mich mitsamt dem dazugesetzten Liedvers durch mehr als zwei Jahrzehnte Mitgliedschaft in der Kirchenleitung begleitet und getragen hat:

»Lass meinen Gang in deinem Wort fest sein
und lass kein Unrecht über mich herrschen.«
(Psalm 119,133)

»Mein Herz hängt treu und feste
an dem, was dein Wort lehrt.
Herr, tu bei mir das Beste,
sonst ich zuschanden werd.
Wenn du mich leitest, treuer Gott,
so kann ich richtig laufen
den Weg deiner Gebot.«
(Nach Cornelius Becker)

Die Gabe der Geduld

Zu den Aufgaben eines württembergischen Prälaten gehört es, im Zusammenwirken mit dem Personaldezernat der Kirchenleitung und mit den zuständigen Gremien am Ort frei gewordene Pfarrstellen wieder zu besetzen. Das gilt darüber hinaus für die Stellen der Dekane und Schuldekane, die die mittlere Leitungsebene der Landeskirche bilden.

Nun war zu Anfang der achtziger Jahre eines der Dekanate des Sprengels Stuttgart neu zu besetzen. Es handelte sich um einen Kirchenbezirk von besonderen Schwierigkeiten: wenig gewachsene Gemeindesubstanz, ausgedehnte Neubaugebiete, ganze Satellitenstädte rund um einige wenige alte Gemeindekerne, mit einer bunt gemischten Bevölkerung ohne jede kirchliche Tradition. Das führte dazu, dass die Bildung von Gemeinden sich außerordentlich schwierig gestaltete. Die Pfarrer, die an dieser Arbeit standen, erlebten eine Enttäuschung nach der anderen. So konnte es nicht ausbleiben, dass in den Kreisen der Pfarrer, der Mitarbeiter und Mitarbeiterinnen sich Frustration und Resignation ausbreiteten und zu manchen unliebsamen Schwierigkeiten innerhalb der Mitarbeiterschaft des Kirchenbezirks führten.

Meine Vorstellung war, als Dekan einen Mann zu gewinnen, der mit Energie und Durchsetzungsvermögen die Zügel aufnehmen und die Mitarbeiter neu motivieren und durch sein eigenes Beispiel mitreißen könnte. Aber es lief dann ganz anders. Am Ende wurde ein Mann gewählt, der eher zu den Stillen gehörte, kein Freund der lauten Worte, keiner, der stürmisch voranging, sondern der mit Ruhe, Geduld und Augenmaß seine Arbeit tat. Ich war gespannt, wie er die Aufgabe anpacken würde.

An einem Oktobersonntag 1982 hatte ich in einem festlichen Gottesdienst die Einführung vorzunehmen. Am Tag zuvor saß ich am Schreibtisch zuhause, um meine Einführungsansprache vorzubereiten. Welches Bibelwort sollte ich dem neuen Dekan auf seinen schwierigen Weg mitgeben? Gewiss ein Wort der Ermutigung, ein Wort, das Horizonte zeigt. Da greife ich nach dem Losungsbüchlein. Vielleicht ist hier ein Wort vorgegeben, das mich einer weiteren Suche enthebt? Und was lese ich da als Losungswort für den folgenden Sonntag?

»Ein Geduldiger ist besser als ein Starker.«
(Sprüche 16,32)

Ich musste nun nicht mehr weitersuchen. Hier hat durch das Losungswort Gott zu mir gesprochen. Er hat mich beschämt und meine falschen Vorstellungen zurechtgerückt. Mit großer Freude habe ich am nächsten Tag unter diesem Wort den neuen Dekan eingesetzt. Er hat mit diesem Wort seinen Dienst begonnen und über lange Jahre fortgeführt – als ein Geduldiger. Und er hat, wenn ich heute zurückblicke, durch seine Art mehr erreicht als ein Starker, als ein »Draufgänger«.

Gott allein die Ehre

1984 – das große Jubiläumsjahr der Evangelischen Landeskirche in Württemberg: 450 Jahre Reformation in unserem Land! Am 16. Mai 1534 hatte Konrad Oettinger, Hofprediger des Landgrafen Philipp von Hessen in Marburg, die erste öffentliche evangelische Predigt in der Stuttgarter Stiftskirche gehalten. Von diesem Tag an breitete sich der evangelische Glaube im Herzogtum Württemberg aus. Er fasste Fuß in den Gemeinden. Alt-Württemberg wurde evangelisch.

Das sollte 1984 gebührend gefeiert werden. Der Landesbischof hatte mir die Verantwortung für die Gestaltung des Festes übertragen. Ausschüsse tagten, Ideen wurden geboren und wieder verworfen, eine Besprechung jagte die andere. Ein weit gefächertes Programm sollte die festlichen Tage bestimmen. Kirchliche und politische Prominenz würde dem Fest eine breite Öffentlichkeitswirkung geben.

Während die Vorbereitungen liefen, stieg in mir eine heimliche Angst hoch, ob wir mit diesem Fest am Ende nur uns selber ehren und unsere Kirche gut ins Bild bringen wollten? Mir stand dabei immer wieder der biblische Bericht aus der Apostelgeschichte des Lukas vor Augen, wo erzählt wird, dass eine in Ephesus versammelte große Volksmenge fast zwei Stunden lang wie aus einem Munde schrie »Groß ist die Diana der Epheser!« (Apg 19, 34). Wie, wenn wir an unserem Fest auch in lauter Jubelrufe ausbrechen würden: »Groß ist die Kirche in Württemberg!«? Die Medien würden gewiss das ihre dazutun, diesen Akzent zu verstärken. Aber: Konnte das der Sinn unseres Festes sein? Unsere Kirche großmachen? Sie ins

Schaufenster einer breiten Öffentlichkeit stellen? War das ein Jubiläum wert?

Eines Tages, geraume Zeit vor dem Fest, blätterte ich in meinem Losungsbüchlein. Dabei stieß ich auf das Losungswort, das über dem 16. Mai 1984, dem Festtag unserer Kirche stand:

> »Gebt unserm Gott allein die Ehre!«
> (5. Mose 32,3)

Damit war für mich das Ziel klar. Und als ich dann noch die Bibellese dieses Tages aufschlug, waren alle Zweifel und Ängste beseitigt:

> »Auch ich, liebe Brüder, als ich zu euch
> kam, kam ich nicht mit hohen Worten und
> hoher Weisheit, euch das Geheimnis Gottes
> zu verkündigen. Denn ich hielt es für
> richtig, unter euch nichts zu wissen als
> allein Jesus Christus, den Gekreuzigten ...«
> (1. Korinther 2,1-2)

Nun war deutlich, wohin der Weg gehen sollte. Es wurde dann ein schönes und originelles Fest, sowohl der 16. Mai wie auch im Juli der »Tag der Landeskirche«, zu dem über 50 000 Menschen kamen. Ermutigende und belebende Wirkungen sind von diesen beiden Tagen in unsere ganze Kirche ausgegangen. Und in der Mitte dieser Tage stand der, dem in seiner Kirche allein die Ehre gebührt, Jesus Christus, der Gekreuzigte.

Zur Ruhe kommen

Ja, ich hatte mich einfach übernommen. Es war zu viel gewesen in der letzten Zeit: unzählige Sitzungen, aufreibende Personalprobleme und dazu die Gottesdienste, Andachten, Bibelabende und Besuche ... Und dann war auch noch eine kleine Operation bei mir nötig geworden. Im Grunde eine Routinesache. Aber sie hatte meinen »Fahrplan« vollends durcheinander gebracht. Die Tage im Krankenhaus fehlten mir vorne und hinten. Termine mussten verschoben, Verabredungen neu festgesetzt werden, und, und, und ... Außerdem stand eine Bibelwoche in der Stuttgarter Stiftskirche vor mir, die ich halten sollte. Die Plakate waren schon im Druck, aber ich hatte noch keine Zeit zur Vorbereitung gefunden. So wurde meine innere Unruhe immer größer.

Auf einmal ging es nicht mehr. Ich hatte nach der Operation meine Arbeit zu früh wieder aufgenommen und mir keine Schonung gegönnt. Eine Infektion kam hinzu. Während draußen bitterkalte Wintertage alles zu Stein und Bein gefrieren ließen, kündigten in mir heftige Fieberschübe und Schüttelfröste einen Rückfall an. Nach einer schlimmen Nacht musste ich aufgeben: wieder ins Krankenhaus! Ich konnte kaum noch auf den Beinen stehen. Schnell ins Bett! Alle meine Pläne waren durchkreuzt.

Als ich nach Tagen wieder einigermaßen klare Gedanken fassen konnte, habe ich im Losungsbüchlein zurückgeblättert und die Worte zum 17. Februar 1986 gelesen, die Losung des Tages, an dem ich zum zweiten Mal ins Krankenhaus gebracht werden musste. Ich hatte gemeint, es ginge nicht ohne mich.

Aber Gott hat mir eine Lektion erteilt, die ich so schnell nicht vergessen habe:

»Ich will dich unterweisen und dir
den Weg zeigen, den du gehen sollst.«
(Psalm 32,8)

»So lasst uns nun mit Furcht darauf
achten, dass keiner von euch etwa
zurückbleibe, solange die Verheißung
noch besteht, dass wir zu seiner Ruhe
kommen.« *(Hebräer 4,1)*

»Herr, ich weiß, dass ich nur eines
weiß: dass es mir gut ist, dir zu
folgen, und dass es mir schädlich ist,
dich zu beleidigen. Ich weiß nicht,
was mir nützlicher ist, Gesundheit
oder Krankheit, Reichtum oder Armut.
Diese Entscheidung liegt in deinem
Willen verborgen, den ich anbeten und
nicht ergründen will.« *(Blaise Pascal)*

In der Tiefe getröstet

Es waren harte und schwere Tage für mich, damals im Krankenhaus. Ich war körperlich so geschwächt, dass ich kaum sprechen oder etwas aufnehmen konnte. Und wie das manchmal geht: Mit der körperlichen Schwäche überkommt einen eine geistliche Schwachheit, die man so nicht kennt. Der Glaube beginnt zu flackern wie eine brennende Kerze im Wind. Was man als feste Glaubensüberzeugung in sich trägt, gerät ins Wanken. Da hilft es einem nicht, wenn wohlmeinende Christenleute einen zu trösten versuchen mit den Worten: Als Theologe wissen Sie ja, wo wir uns Kraft und Trost holen können. Nein, es gibt Situationen, wo man auch als Theologe gerade das eben nicht mehr weiß oder nicht mehr selbst vollziehen kann. Vielleicht ist diese innere Leere und Hilflosigkeit noch bedrückender als Krankheit und Schmerzen. Gerade bei einem Theologen.

Eines Nachmittags klopft es an der Tür. Mein Bischof kommt zu Besuch. Seit vielen Jahren waren wir miteinander verbunden, hatten früher, als wir beide zur selben Zeit in der Jugendarbeit tätig waren, mit unseren Familien im gleichen Haus und auf derselben Etage gewohnt. Nun gehörten wir beide zur Kirchenleitung.

Mit dem geübten Auge des Seelsorgers erkennt er meine Situation. Er merkt, dass ein Gespräch rasch an seine Grenzen kommt. Und er spürt auch, wie ich innerlich dran bin. So setzt er sich einige Zeit still an mein Bett. Ehe er sich dann verabschiedet, stellt er sich ans Fußende, nimmt mich fest in seinen Blick und sagt: »Ich lasse dir jetzt ein Wort hier, das dich in deiner Krankheit stärken und aufrichten kann.« Dann spricht er mir mit stillem Nachdruck ein Bibelwort zu, das ich später in Psalm 18, 29 wieder gefunden habe:

»Der Herr, mein Gott, macht meine Finsternis licht.«

Mehr sagt er nicht. Nur dieses eine Wort. Zweimal wiederholt er es. Dann ein Händedruck und er verlässt das Zimmer.

Dieses Wort war für mich wie Wasser auf dürres Land. Tief habe ich es in mich aufgenommen, habe es ins Herz gefasst als ein Losungswort, das mich durch die Tage der Krankheit begleitet und mich im Innersten aufgerichtet hat. Wenn man sich selber kein Wort mehr sagen kann, dann ist man angewiesen auf ein Wort »von außen«, auf einen Zuspruch, den Brüder oder Schwestern einem in Gottes Auftrag und in seiner Vollmacht sagen. Das habe ich in einer Situation der Tiefe erfahren. So bin ich bis heute dankbar für diesen Freundesdienst.

Bischofswahl

Im Herbst 1987 stand in der württembergischen Kirche die Wahl eines neuen Landesbischofs an. Bischof Hans von Keler hatte signalisiert, dass er im Frühjahr 1988 in den Ruhestand zu treten gedenke.

Ich selbst hatte 1979 zusammen mit Hans von Keler für das Bischofsamt kandidiert. Nachdem wir beide damals sechs Wahlgänge bei ähnlich hoher Stimmenzahl absolviert hatten, er jeweils aber einige Stimmen vor mir liegend, zog ich meine Kandidatur zurück, und Hans von Keler wurde gewählt. Durch all die folgenden Jahre hindurch haben wir in aufrichtiger Freundschaft unsern Dienst gemeinsam getan, er als Bischof, ich als sein Stellvertreter.

Kein Wunder, dass sich nun im Herbst 1987 alle Augen auf mich richteten. Hätte ich zu einer Kandidatur Ja gesagt, wäre die Wahl wohl schnell entschieden gewesen. Aber ich hatte gute Gründe, mich diesmal zu verweigern: mein Alter (ich war nur drei Jahre jünger als der jetzt – vorzeitig – in den Ruhestand tretende Bischof), meine instabile Gesundheit, die mir in jener Zeit immer wieder Not machte, familiäre Rücksichten usw. So blieb ich bei meinem Nein, auch wenn viele das nicht verstehen wollten.

Am 23. November 1987 wurde gewählt. Drei Kandidaten hatten sich zur Verfügung gestellt, tüchtige Leute, von denen jeder das Bischofsamt hätte ausfüllen können. Aber bis zum Abend hatte nach zahlreichen Wahlgängen keiner von ihnen die notwendige Mehrheit von zwei Dritteln aller Stimmen erreicht. Die verhärtete kirchenpolitische Konstellation der verschiedenen Gruppierungen in unserer Kirche war nicht aufzuweichen. Verärgerung und Enttäuschung machten sich breit. Das Bild der Kirche in der Öffentlichkeit drohte Schaden zu nehmen. Die Medien ergingen sich in verhaltener Häme.

Viele Christen im Lande erinnerten sich an diesem Abend an das Wort, das sie am Morgen im Losungsbüchlein gelesen hatten:

»Du siehst es doch, denn du schaust das Elend und den Jammer; es steht in deinen Händen.«

(Psalm 10,14)

Ja, darauf hoffte das Wahlgremium und viele mit ihm im ganzen Land, dass Gottes Hände diese verfahrene Situation doch noch zum Guten wenden.

Der zweite Wahltag begann, wie der erste aufgehört hatte. Die Wahl wurde fortgesetzt, bis auch der letzte Kandidat resigniert aufgegeben hatte. Die Ratlosigkeit stand allen an der Wahl Beteiligten im Gesicht geschrieben.

Kaum war der letzte Wahlgang vorüber, da begannen die bedrängenden Anfragen, ob ich mich nicht doch zu einer Kandidatur entschließen könnte. Von allen Seiten kamen sie, quer durch die festgefahrenen kirchenpolitischen Lager. In den Losungen hatte ich am Morgen dieses Tages gelesen:

»Gebt eure Leiber hin als ein Opfer, das lebendig, heilig und Gott wohlgefällig ist. Das sei euer vernünftiger Gottesdienst.«

(Römer 12,1)

Es wurde für mich und meine Nächsten eine unruhige Nacht. Am folgenden Morgen erklärte ich der Landessynode meine Bereitschaft zu kandidieren. Ich tat das unter dem Wort der Losung am 25. November 1987:

»Herr, deine Treue ist groß.«
(Klagelieder 3,23)

Auf diese Treue Gottes wollte ich mich verlassen.

Als ich nach der Vorstellung an meinen Platz zurückkam, lag dort ein Zettel. Ein Freund aus der Kirchenleitung hatte einen Satz aus Jochen Kleppers Morgenlied darauf geschrieben:

»Da schweigen Angst und Klage;
nichts gilt mehr als sein Ruf ...«

Die Wahl wurde aufgerufen. Nacheinander gingen die Wahlberechtigten zur Urne. Dann die Auszählung. Die Spannung war mit Händen zu greifen. Am Ende war ich mit 106 von 109 Stimmen gewählt.

Noch einmal eine unruhige Nacht. Daran waren vor allem die Medien schuld. Am nächsten Morgen lese ich die Losung:

»Paulus schreibt:
Ich weiß, wenn ich zu euch komme,
dass ich mit dem vollen Segen Christi
kommen werde.« *(Römer 15,29)*

Hirtendienst

Es ist schön, dass sich für den Beruf des Pfarrers in vielen Gegenden die Bezeichnung »Pastor« eingebürgert hat. Pastor ist ein sprechendes Wort; es ist der lateinische Begriff für »Hirte«. Nicht umsonst wird im Alten wie im Neuen Testament immer wieder auf diesen Hirtendienst und seine richtige Ausübung hingewiesen. Viele hatten mir nach meiner Wahl solche biblischen »Hirtenworte« geschrieben. Denn was für einen Pfarrer im Allgemeinen gilt, das gilt für einen Bischof im Besonderen. Er ist ja der »Pastor pastorum«, der Hirte für die Hirten. Als Hirtendienst habe ich allezeit meinen Pfarrdienst verstanden. Als Hirtendienst wollte ich mein Bischofsamt in Verkündigung und Seelsorge führen.

Am 18. April 1988 wurde ich in das neue Amt eingesetzt. Es war ein schöner Gottesdienst in der Stuttgarter Stiftskirche, auf deren Kanzel ich bis dahin um die 500 Predigten gehalten hatte. Mein Vorgänger im Amt, Bischof von Keler, nahm die Einführung vor. Und was war der Text seiner Ansprache? Die beiden Losungsworte dieses Tages, des 18. April! Niemand hatte sie für eben diesen Tag besonders ausgewählt. Jahre zuvor waren sie aus einer Fülle von Worten gelost worden. Und sie sprachen in unsere, in meine Situation hinein, treffender als alles, was Menschen einem sagen können:

»Wehe den Hirten, die sich selbst weiden!
Sollen die Hirten nicht die Herde weiden?«
(Hesekiel 34,2)

»Petrus schreibt:
Die Ältesten unter euch ermahne ich:
Weidet die Herde Gottes, die euch anbefohlen ist;
achtet auf sie, nicht gezwungen, sondern freiwillig,
wie es Gott gefällt; nicht um schändlichen Gewinns
willen, sondern von Herzensgrund.«

(1. Petrus 1,1-2)

Kann es für den Beginn eines Bischofsweges ein treffenderes
Losungswort geben als dieses?

»Wenn der König ruft ...«

Es gibt »Losungsworte«, die nicht im Losungsbüchlein stehen. Worte, die treffen und weiterhelfen, weil sie in Vollmacht gesprochen sind.

Bei meiner Einführung ins Bischofsamt im Frühjahr 1988 in der Stuttgarter Stiftskirche stand unter den Einführungszeugen am Altar auch Bischof Alpha Mohamed aus der Rift-Valley-Diözese in Tansania. Unter Auflegung der Hände sprach er mir das biblische Wort aus Sprüche 31, 8 zu: »Tu deinen Mund auf für die Stummen und für die Sache aller, die verlassen sind. Tu deinen Mund auf und richte in Gerechtigkeit und schaffe Recht dem Elenden und Armen.« Dass Bischof Alpha bei meiner Einführung war, hat eine Vorgeschichte.

Es war im Vorfeld der Bischofswahl. Von den verschiedenen Gruppen und Richtungen unserer Kirche wurde ich gebeten, ja sogar bedrängt, eine Kandidatur anzunehmen. Ich aber hatte gute Gründe, dieses Ansinnen abzulehnen. So wurden dann andere Kandidaten gesucht und zur Wahl vorgeschlagen. Ich war sicher, dass einer von ihnen gewählt werden würde.

Bei einer Begegnung in jener Zeit mit Bischof Alpha Mohamed, meinem tansanischen Freund, erzählte ich ihm – fast beiläufig – von den Vorgängen um die Bischofswahl und von meiner Entscheidung, die ich getroffen hatte. Er hörte sich das in Ruhe an und sagte dazu nur einen einzigen Satz:

»When the King calls, you must go!«

Mehr nicht. »Wenn der König ruft, musst du gehen.«

So ist es dann gekommen, dass der »Ruf des Königs« unausweichlich vor mir stand, als alle anderen Türen zugeschlagen waren. Und ich bin gegangen.

Ja zu Gottes Gebot

Schwangerschaftsabbruch – Tötung oder Befreiung?
Die öffentliche Diskussion überschlägt sich. Wie soll das neue Gesetz aussehen, das im Bundestag verabschiedet werden muss? Hin und her gehen die Meinungen in den großen Parteien. Und auch in den Kirchen sind heftige Diskussionen im Gange. Während die einen in der allgemeinen Öffnung des Rechtes auf Abtreibung einen wichtigen Schritt zum Selbstbestimmungsrecht der Frau und das Ende einer weit verbreiteten Heuchelei sehen, verweisen andere auf das göttliche Gebot »Du sollst nicht töten!«, das sich auch auf das ungeborene Leben bezieht. So war es in Gesellschaft und Kirche ein heißer Sommer, damals im Jahr 1989: heiße Temperaturen, heiße Diskussionen, heiße Argumente ...

Mitten in diese Diskussionslage hinein platzt eines Tages die Nachricht, dass in Stuttgart eine eigene »Abtreibungsklinik« eröffnet werden soll. Ein Arzt sei dafür schon gefunden. Und das Makabre an der Sache: Für diese Einrichtung soll eine Abteilung der Landesfrauenklinik freigemacht werden. Man stelle sich vor: gebären und töten von Kindern unter einem Dach, Hilfe zum Leben und Abbruch von Leben Wand an Wand! Ein unvorstellbarer Gedanke!

Kein Wunder, dass nun auch auf lokaler Ebene die Diskussionen hochkochten – und ich selbst habe mich nach Kräften daran beteiligt. Leben beginnt nicht erst mit der Geburt, sondern mit der Zeugung, das war mein Argument. Eingriff in das vorgeburtliche Leben ist deshalb Tötung von menschlichem Leben, gegen die das göttliche Gebot steht. Nicht von allen Mitgliedern der Kirche wurde meine Sicht geteilt. Es gab heftige Angriffe gegen diese Meinung, persönliche Verunglimpfungen mit eingeschlossen. Da war es für mich eine große Hilfe, dass ich mich in dieser Sache mit dem katholischen Bischof Walter Kasper von der Diözese Rottenburg-Stuttgart eins wusste. Gemeinsam haben wir unsere Position in der Öffentlichkeit vertreten, gemeinsam ein Fernseh-Interview zu diesem Thema bestritten.

Ende August ein Anruf aus dem Bischofshaus in Rottenburg mit der Frage, ob wir nicht vor der letzten Entscheidung im Stuttgarter Gemeinderat noch einmal mit einer gemeinsamen Erklärung beider Bischöfe an die Öffentlichkeit treten sollten. Ich ahnte, was wir damit auslösen würden. Eine neue Welle der Empörung und Entrüstung würde über uns hereinbrechen. Aber unsere Überzeugung stand fest: Das Lebensrecht des Kindes begrenzt das Selbstbestimmungsrecht der Frau. Und wenn man für Gottes Gebote streitet, darf es keine persönlichen Rücksichten geben. Zudem hatte ich am Morgen dieses Tages in den Losungen gelesen:

>>*Hilf uns, Herr, unser Gott;*
denn wir verlassen uns auf dich.<<
(2. Chronik 14,10)

Rasch waren wir einig: Es sollte eine Erklärung der beiden Bischöfe gegen die Einrichtung einer Abtreibungsklinik entworfen und am nächstmöglichen Sonntag in allen evangelischen und katholischen Kirchen in Stuttgart verlesen werden.

Der Sonntag kam, es war der 3. September 1989, der erste Sonntag nach den Sommerferien. Ich selbst hatte den Gottesdienst in der Stuttgarter Stiftskirche übernommen; zeitgleich wollte Bischof Kasper in der Kathedrale St. Eberhard auf der anderen Seite des Schlossplatzes unser gemeinsames Wort verlesen. Ich gestehe: Etwas bange war mir schon. Denn ich wusste, was wir mit unserer Stellungnahme auslösen würden.

Da schlug ich am Morgen dieses Sonntags das Losungsbüchlein auf. Und wie staunte ich, als ich dort die Antwort Gottes las, sein unverbrüchliches Gebot, wie gerade für diesen Tag ausgewählt von Gottes »hoher Hand«:

»Du sollst nicht töten!«
(2. Mose 20,13)

Wir konnten mit unserer Aktion die Einrichtung der Abtreibungsklinik damals nicht verhindern. Der Stuttgarter Gemeinderat hat mit denkbar knapper Mehrheit und durch eine bisher nicht gekannte Koalitionsverschiebung die Sache legalisiert. Aber wir hatten ein Zeichen dafür aufgerichtet, dass Gottes Gebote auch heute unverbrüchlich gelten und dass ein Volk sich langfristig dem Untergang ausliefert, wenn es diese Gebote achtlos auf die Seite legt.

Wer anklopft,
dem wird aufgetan

November 1989. Die politische Situation zwischen Ost und West spitzt sich dramatisch zu. Flüchtlingsströme aus der DDR überwinden die Grenzen nach Ungarn, der Tschechoslowakei und nach Österreich. Es kommt zum Bankrott der jahrzehntelangen Zwangsherrschaft des Kommunismus im Osten Deutschlands. Die politische Führung muss tatenlos dieser Entwicklung zusehen. Wird es zu einem militärischen Gegenschlag kommen? Alles wartet auf den Einsatz der Panzer und der schweren Waffen, die in den Straßen der Städte aufgefahren sind.

Menschenmassen von ungeahnter Zahl drängen sich zu den Friedensgebeten in den Kirchen. Sie werden zum letzten Refugium einer Bevölkerung, die ohne Gewalt den Frieden erhalten und die Freiheit erringen will.

Da, am 10. November brechen die Dämme. Breschen werden geschlagen in die bisher undurchdringlich scheinende Berliner Mauer, Grenzpfähle niedergelegt. Nach Jahrzehnten öffnet sich das Brandenburger Tor in Berlin. Grenzposten werden einfach überrannt. Millionen von Menschen sind auf den Beinen, Unbekannte fallen sich in die Arme und vergießen Freudentränen. Unbeschreibliche Szenen spielen sich ab. Die Freude über Freiheit und Wiedersehen kennt keine Grenzen.

Im Herrnhuter Losungsbüchlein standen an diesem denkwürdigen 10. November 1989 die Worte zu lesen:

»Du bist der Armen Schutz gewesen
in der Trübsal,
eine Zuflucht vor dem Ungewitter,
ein Schatten vor der Hitze.«   *(Jesaja 25,4)*

»Wer da bittet, der empfängt;
und wer da sucht, der findet;
und wer da anklopft,
dem wird aufgetan.«   *(Matthäus 7,8)*

Diese alten biblischen Aussagen haben sich in jenen dramatischen Tagen Wort für Wort erfüllt.

Ein weiteres Erlebnis hatte ich an jenem Abend des 10. November, das mir unvergesslich bleibt.

Es gehört zu den Aufgaben einer Kirchenleitung, Kontakte zu pflegen zu gesellschaftsrelevanten Gruppen, zu Parteien und Verbänden, zu Industrie und Wirtschaft, nicht zuletzt zu den Medien. So kam es auch zu regelmäßigen Begegnungen mit der Direktionsebene des Süddeutschen Rundfunks. Eine solche Begegnung fand – lange vorgeplant – just an jenem Abend des 10. November im Dienstgebäude des Evangelischen Oberkirchenrats in Stuttgart statt. Wie konnte es anders sein: die ursprünglich vorgesehenen Themen rückten in den Hintergrund, das aktuelle Tagesgeschehen bestimmte das Gespräch. Mit brennendem Interesse verfolgten wir die Berichte des Fernsehens – und die Kommentare dazu kamen aus dem »berufenen Mund« unserer Gäste.

Zu später Stunde wollte sich die Runde auflösen. Ich als der Gastgeber musste das Schlusswort sprechen. Während der Unterhaltung überlegte ich im Stillen, was das dieser besonderen Stunde angemessene Wort sein könnte. Da zupft mich der

Intendant des SDR, der neben mir saß, am Ärmel, und sagt mir ins Ohr: »Herr Bischof, wir können diesen Abend doch nicht besser beschließen, als wenn wir jetzt miteinander singen: »Großer Gott, wir loben dich.« Ja, das war's! Genau das! Und so erhoben wir uns von den Plätzen, Prälaten und Fernsehdirektoren, Oberkirchenräte und Verwaltungschefs, Intendant und Bischof und sangen aus vollem Herzen »Großer Gott, wir loben dich« mit allen Versen, die wir auswendig kannten. Keiner hat sich seiner Tränen geschämt.

Ja, der Intendant! Ob ich selbst auch so einen passenden Abschluss gefunden hätte?

Wie Gott Angst vertreibt

Wenige Monate später nur. April 1990. Die erste Begeisterung nach der Öffnung der Grenzen zwischen Ost und West war verflogen. Nüchternheit kehrte ein. Jetzt wurden allmählich die Steine sichtbar, die einer raschen Vereinigung der beiden jahrzehntelang getrennten deutschen Staaten im Wege lagen. Das innere Zusammenwachsen zu *einem* Volk erwies sich als ein langer, schwieriger Prozess.

Seit der Teilung der beiden deutschen Staaten in der unmittelbaren Nachkriegszeit war zwischen der württembergischen und der thüringer Landeskirche und ihren Gemeinden und Pfarrhäusern ein partnerschaftliches Verhältnis gewachsen, das die beiden Kirchen aufs Engste miteinander verband. Trotz aller menschenunwürdigen Schikanen an den Grenzübergängen fuhren unablässig Pfarrer und Gemeindeglieder aus Württemberg nach Thüringen, und nicht zu zählen ist die Zahl der Briefe und Pakete, die den gleichen Weg nahmen. Dabei stellte sich sehr bald die Erkenntnis ein, dass es sich hier um weit mehr als ein materielles Geben und Nehmen handelte. Hier wurde etwas sichtbar von der tiefen Gemeinschaft im Glauben, die das Neue Testament »Koinonia« nennt. In der recht verstandenen Koinonia teilt einer dem andern seine Gaben mit und gibt ihm Anteil an dem, was Gott gerade ihm geschenkt hat.

So war es fast eine Selbstverständlichkeit, dass die beiden Bischöfe von Thüringen und Württemberg, mein Freund Dr. Werner Leich und ich, nach einer Gelegenheit suchten, so früh wie nur möglich ein öffentliches Zeichen dieser gewachsenen Gemeinsamkeit zu setzen. Nachdem ich schon unmittelbar nach der Wende thüringische Gemeinden im Grenzgebiet nahe Coburg besucht hatte, sollte nun ein großer Gottesdienst in der Mitte des Landes, von den beiden Bischöfen geleitet, dieses Zeichen sein. Endlich konnte in den Terminkalendern ein Datum gefunden werden, das allen möglich erschien. Es war der Palmsonntag 1990. Und auch der Ort war bald klar, die Stadtkirche St. Peter und Paul in Weimar, die Kirche, an der Johann Gottfried Herder einst viele Jahre als Generalsuperintendent tätig gewesen war.

Der Palmsonntag nahte und meine Bangigkeit wuchs. Was sollte ich, der ich aus dem saturierten Westen kam, den verunsicherten Menschen in Thüringen sagen, in deren Herzen die Angst vor der Zukunft nagte? Menschen, die nicht wussten, wie es mit ihnen weitergehen würde? Solchen Menschen zu predigen ist immer schwer. Da war mir der vorgeschriebene Text für den Palmsonntag eine große Hilfe: »Darum auch wir: Weil wir eine solche Wolke von Zeugen um uns haben, lasst uns ablegen alles, was uns beschwert, und die Sünde, die uns ständig umstrickt, und lasst uns laufen mit Geduld in dem Kampf, der uns bestimmt ist, und aufsehen zu Jesus, dem Anfänger und Vollender des Glaubens ...« (Hebräer 12,1−2). Ja, das waren Worte, die ich der Gemeinde in ihrer besonderen Situation weitergeben und auslegen konnte.

Dennoch stieg meine Bangigkeit, und sie steigerte sich fast zur Mutlosigkeit, je näher der Palmsonntag kam. Hatte ich mir nicht zu viel zugetraut? Am Samstag musste ich die Fahrt antreten. Wie immer schlug ich das Losungsbüchlein auf. Und was las ich da?

»Keiner lasse den Mut sinken.«
(1. Samuel 17,32)

»Der Gott unseres Herrn Jesus Christus,
der Vater der Herrlichkeit, gebe euch
erleuchtete Augen des Herzens, damit
ihr erkennt, zu welcher Hoffnung
ihr von ihm berufen seid.«

(Epheser 1,17.18)

Das war ein Mut machendes Wort für einen mutlos Geworde-
nen. Hier hat Gott mir durch sein Wort aufgeholfen. Und als
ich dann am frühen Sonntagmorgen in meinem Nachtquartier
bei der Wartburg in Eisenach vor der Fahrt nach Weimar die
Losungen aufschlug, waren alle Ängste vertrieben:

»Des Priesters Lippen sollen die Lehre
bewahren, dass man aus seinem Munde
Weisung suche; denn er ist ein Bote des Herrn.«

(Maleachi 2,7)

»Paulus schreibt an Timotheus:
Sei nüchtern in allen Dingen,
leide willig, tu das Werk
eines Predigers des Evangeliums,
richte dein Amt redlich aus.«

(2. Timotheus 4,5)

Unter diesen Worten gewann ich eine große innere Freiheit. Es
wurde ein bewegender Gottesdienst, zu dem die Menschen
sich drängten. Und nicht weniger bewegend waren die persönlichen Begegnungen mit vielen, vielen Menschen, die sich dem
Gottesdienst anschlossen.

Ein kleines äußeres Zeichen erinnert mich seitdem Tag für Tag an jenen Palmsonntag 1990 in der Herderkirche zu Weimar. Ich bekam damals zum Abschied ein winziges Tännlein aus dem Thüringer Wald als Geschenk. Ich habe es zuhause in unseren Garten gesetzt. Zu meiner Freude ist es in der fremden Erde angewachsen. Inzwischen steht hier ein stattlicher Baum vor unserem Haus – ein Zeichen der bis heute bestehenden guten Verbindung zwischen Thüringen und Württemberg.

Gottes »Wort zum Tag«

Immer wieder geschah und geschieht es, dass ein Jahre zuvor ausgelostes Bibelwort für einen bestimmten Tag ein öffentliches oder ein politisches Ereignis, das später auf diesen Tag fällt, in ein besonderes Licht rückt. Es ist dann, wie wenn durch dieses Wort ein Signal aufgezogen wird für die geheime Weltregierung Jesu Christi, der über alle vordergründigen Aktivitäten der Politiker hinweg die Zügel dieser Welt in seiner Hand hält.

So war es auch am Tag der Währungsunion zwischen den beiden deutschen Staaten, dem 2. Juli 1990. Über Wochen und Monate hinweg hatten die Verhandlungsdelegationen beider Seiten an einem neuen System einer Währungs-, Wirtschafts- und Sozialunion »gebastelt«, nachdem durch die friedliche Revolution im Herbst 1989 die durch Jahrzehnte hindurch getrennten deutschen Staaten, die Bundesrepublik und die DDR, sich wieder hatten zusammenschließen können. Aber: Zwei grundverschiedene Wirtschaftssysteme standen sich hier gegenüber, zwei Währungen von höchst unterschiedlicher Geltung und Kaufkraft. Eine tiefe soziale Kluft musste überbrückt werden. Mit großen Sorgen schaute man von allen Seiten auf den Ausgang der Verhandlungen. Vor allem waren es die Bürger der ehemaligen DDR, die darauf warteten, nun in die vollen Rechte eines freien Staates und einer gerechten Wirtschaftsordnung eingesetzt zu werden. Auf der andern Seite waren bei nicht wenigen Bewohnern der Bundesrepublik Ängste vorhanden, ob die desolate Wirtschaftslage in der ehemaligen DDR nicht den im Westen inzwischen erreichten

Lebensstandard schmälern und die stabile D-Mark schwächen könnte.

Der 2. Juli 1990 kam. Wer an diesem Morgen sein Losungsbuch aufschlug, konnte dort die Antwort Gottes zu seinen Fragen und Ängsten finden. Denn dort stand zu lesen:

>*Der Herr macht arm und macht reich.*<
(1. Samuel 2,7)

>*Wem viel gegeben ist, bei dem wird man*
viel suchen; und wem viel anvertraut ist,
von dem wird man umso mehr fordern.<
(Lukas 12,48)

Aber ...

Wie viele junge Eltern gibt es, die dieses Wort Tag für Tag hören, wenn ihre Kinder ins Trotzalter kommen: »Aber ich will nicht!« Es bedarf vieler pädagogischer Künste, um damit recht umzugehen. Und es verwundert nicht, wenn dieses Wort von daher negativ besetzt ist.

Aber – nun hat dieses Wort ja durchaus auch einen positiven Sinn. Das zeigt uns die Bibel an vielen Stellen. Es wird in den Schriften des Alten und Neuen Testaments oft gebraucht, um den Trotz des Glaubens und das Dennoch getroster Nachfolge auszudrücken. Ich habe einmal eine eigenartige Erfahrung mit diesem Wort gemacht und dabei festgestellt, dass dieses »Aber« für viele zu einem geheimen Losungswort für ihr Leben geworden ist.

Als Prälat von Stuttgart habe ich eine alte Übung wieder aufgenommen, die während der Jahre des Zweiten Weltkriegs von dem damaligen Prälaten Karl Hartenstein eingeführt wurde und die inzwischen in Vergessenheit geraten war. Jedes Jahr am Neujahrstag besuchte ich die »Stunde« der Altpietistischen Gemeinschaft in Stuttgart. Ich wollte auf diese Weise der engen Verbindung zwischen Kirche und Pietismus Ausdruck geben. So saß ich Jahr um Jahr an diesem Tag mit am Brüdertisch in der Stuttgarter Furtbachstraße, und ich habe diese Übung während meiner ganzen Bischofszeit weitergeführt. Diese Neujahrsstunde hat dadurch ihren besonderen Charakter, dass die neue Losung der Kirche für das begonnene Jahr ausgelegt wird und jeder Anwesende darüber hinaus für sich eine persönliche Losung ziehen darf.

Für das Jahr 1992 war als Jahreslosung das Wort aus den Abschiedsreden Jesu im Johannesevangelium bestimmt worden:

»In der Welt habt ihr Angst;
aber seid getrost,
ich habe die Welt überwunden.«
(*Johannes 16,33*)

Ich habe damals bei meiner Auslegung das Schwergewicht auf das Wörtlein »aber« gelegt und erklärt, dass dieses Wort allein für sich schon ein Ausdruck zuversichtlichen Glaubens wider unsere vielfältigen Ängste und Bedrohungen sein kann und habe den Anwesenden geraten, immer dann, wenn in ihnen Ängste aufsteigen, das Wörtlein »aber« zu sprechen: »... aber seid getrost, ich habe die Welt überwunden.«

Während ich redete, kam mir ein Gedanke, den ich sofort weitergab: Ich bat die Hörerinnen und Hörer, bei ihrer persönlichen Bibellese im Laufe des Jahres einmal besonders auf das Wörtlein »aber« zu achten und solche Bibelstellen auf einen Zettel zu schreiben, in denen dieses Wort in dem angedeuteten Sinn vorkommt. Um noch anschaulicher zu machen, was ich meine, nannte ich als Anregung spontan einige Bibelstellen, wie sie mir gerade einfielen:

»Ich aber und mein Haus wollen
dem Herrn dienen.«   (*Josua 24,15*)

»Ein Mensch sieht, was vor Augen ist;
der Herr aber sieht das Herz an.«
(*1. Samuel 16,7*)

»Gott legt uns eine Last auf,
aber er hilft uns auch.«

(Psalm 68,20)

»Ich hatte viel Kummer in meinem Herzen,
aber deine Tröstungen erquickten meine Seele.«
(Psalm 94,19)

»Des Menschen Herz erdenkt sich seinen Weg;
aber der Herr allein lenkt seinen Schritt.«
(Sprüche 16,9)

»Ich habe mein Angesicht im Augenblick
des Zorns ein wenig vor dir verborgen,
aber mit ewiger Gnade will ich mich
deiner erbarmen.« (Jesaja 54,8)

»Wer aber bis an das Ende beharrt,
der wird selig werden.« (Matthäus 10,22)

»Bei den Menschen ist's unmöglich;
aber bei Gott sind alle Dinge möglich.«
(Matthäus 19,26)

»Himmel und Erde werden vergehen;
aber meine Worte werden nicht vergehen.«
(Matthäus 24,35)

»Aber auf dein Wort will ich die Netze
auswerfen.«   *(Lukas 5,5)*

»Eins aber ist not.«   *(Lukas 10,42)*

»Er muss wachsen,
ich aber muss abnehmen.«
                    (Johannes 3,30)

Ich hätte nicht gedacht, dass diese fast beiläufige Anregung zur Jahreslosung ein solches Echo finden würde. Offenbar hat die Besinnung auf das Wörtlein »aber« nicht wenige Bibelleser zu neuer und vermehrter Aufmerksamkeit geführt. Und es hat sich herumgesprochen, welche Bedeutung es haben kann, wenn man auf nebensächlich scheinende Worte in der Bibel achtet. Immer wieder wurde ich im Lauf des folgenden Jahres bei meinen Gemeindebesuchen, oft in weit entfernt liegenden Gegenden des Landes, auf diese Anregung angesprochen.

Als dann das Jahr vorüber war, erwartete mich in der folgenden Neujahrsstunde schon am Eingang zum Saal eine Reihe von Menschen, die ganze Listen von biblischen Aber-Worten in der Hand hielten und die mir erzählten, was ihnen das Achten auf das kleine Wort »aber« in konkreten Situationen ihres Lebens bedeutet hat und wie es ihnen zur Stärkung in ihrer Angst wurde: »... aber seid getrost, ich habe die Welt überwunden.« Ein richtiges »Losungswort« ist es für manche geworden, das kleine und unscheinbare Wörtlein »aber«.

Hunger nach Gottes Wort

Dicht gedrängt standen die Menschen auf dem Zentralfriedhof der Stadt Poltawa in der Ukraine. Wie lebendige Mauern schlossen sie uns ein bei jenem unvergesslichen Gottesdienst, der am Palmsonntag 1992 dort stattfand. Poltawa! Durch die Jahrhunderte hindurch waren immer wieder Kriege über diese Stadt hinweggegangen. Am berühmtesten in der Geschichte ist die Schlacht von Poltawa zwischen König Karl dem XII. von Schweden und dem Zaren Peter I. im Zweiten Nordischen Krieg von 1709. Der Zweite Weltkrieg hatte die Stadt ein weiteres Mal heimgesucht. Die Herrschaft des Kommunismus hatte dieser äußeren Verheerung das ihrige hinzugefügt: der Jahrzehnte in Russland herrschende Atheismus und die Unterdrückung des christlichen Glaubens hatten nicht nur die Kirchen zerstört, sondern auch die Herzen veröden lassen. Von 37 Kirchen in Poltawa vor dem Weltkrieg stehen jetzt noch ganze vier. Da und dort trifft man auf einige Spuren neu erwachender orthodoxer Gemeinden, vereinzelte Baptisten und eine Hand voll Lutheraner. Ansonsten geistliche Öde.

Nun war vor Jahren eine Partnerschaft zwischen den drei württembergischen Städten auf den Fildern und der Stadt Poltawa begründet worden. Im Rahmen dieser Städtepartnerschaft gab es Besuche herüber und hinüber, Schüleraustausch, Hilfsaktionen und anderes mehr. Eines Tages ruft mich unser Oberbürgermeister an und erzählt mir, dass auf seine Anregung hin die weit verstreuten Gräber aller in der Region Poltawa im Zweiten Weltkrieg gefallenen deutschen Soldaten zusammengefasst und in einer besonderen Abteilung des

Zentralfriedhofs der Stadt vereinigt worden seien. Am Palmsonntag sollte die Einweihung dieses neuen Soldatenfriedhofs
sein und ich wurde gebeten, die Feier zu leiten und die Predigt
zu übernehmen.

Schon der Flug nach Poltawa war ein kleines Abenteuer.
Was wir dann dort in der Stadt und ihrer Umgebung erlebten,
nicht weniger. Am beeindruckendsten war für mich der neu
eingerichtete Friedhof. In langen Reihen waren die Soldaten-
gräber angelegt, fast 500 an der Zahl, auf jedem einzelnen Grab
ein Kreuz. Und in der Mitte des neuen Friedhofteils stand –
man stelle sich das in dieser Umgebung vor! – ein großes, in
Stein gehauenes Kreuz auf der Weltkugel. Unser Oberbürgermeister, dessen Geburtstag zugleich der Todestag Dietrich
Bonhoeffers ist, hatte am Sockel des Kreuzes in deutscher und
russischer Schrift den Vers Bonhoeffers einmeißeln lassen:

»Von guten Mächten wunderbar geborgen,
erwarten wir getrost, was kommen mag.
Gott ist mit uns am Abend und am Morgen
und ganz gewiss an jedem neuen Tag.«

Dann brach der Palmsonntag an. Ein christlicher Gottesdienst
auf dem Friedhof, von einem Vertreter der orthodoxen und
der katholischen Kirche mitgestaltet – inmitten einer seit Jahr-
zehnten von blankem Atheismus geprägten Umgebung! Und
die Menschen kamen in nicht aufhörenden Scharen. Satz für
Satz wurde meine Predigt ins Russische übersetzt: »... und
Gott wird abwischen alle Tränen von ihren Augen und der
Tod wird nicht mehr sein, noch Leid noch Geschrei noch
Schmerz wird mehr sein; denn das Erste ist vergangen«
(Offenbarung 21). Mit gespannter Aufmerksamkeit hörten die

Menschen zu. In großer Freiheit konnte ich das Wort von der Vision des endzeitlichen Friedensreiches Gottes weitersagen, hatte mich doch am Morgen dieses Tages der Blick in das Losungsbuch gerüstet und gestärkt:

>*Die Hand unseres Gottes war über uns und errettete uns.*« (Esra 8,31)

>*Paulus schreibt:*
Der Herr stand mir bei und stärkte mich, damit durch mich die Botschaft ausgebreitet würde und alle Heiden sie hörten ...«
(2. Timotheus 4,17)

Eine bewegende Stunde, ein unauslöschlicher Eindruck! Selbst die militanteste Gottlosenpropaganda hatte nicht vermocht, die da und dort vorhandenen Funken des Glaubens auszulöschen, der durch Jahrzehnte hindurch nur ganz im Verborgenen weitergegeben werden durfte. Und nun stand, weithin sichtbar und von keinem Besucher des Friedhofs zu übersehen, ein Kreuz aufgerichtet, Gottes Siegeszeichen über dieser Welt!

Nur langsam lösten sich die Scharen der Zuhörer nach dem Ende der Feier auf. Als die letzten sich zum Gehen anschickten, trat ein älterer Mann auf mich zu. In ungelenkem Deutsch fragte er mich, ob ich ihm nicht zu einer deutschen Bibel verhelfen könnte.

Ich hatte in diesem Augenblick außer meiner eigenen keine Bibel zum Verschenken bei mir. So bat ich ihn, zu einer bestimmten Stunde am Nachmittag in mein Hotel zu kommen, um dort eine Bibel abzuholen. Mein Terminplan verschob sich aber durch unvorhergesehene Termine und so konnte ich zur angegebenen Zeit nicht im Hotel sein. Schade, dachte ich, nun kann ich mein Versprechen nicht einlösen und der unbekannte Mann wird um eine Enttäuschung reicher sein.

Es war kurz vor Mitternacht, als ich nach einem langen und anstrengenden Tag zum Hotel zurückkehrte. Als ich mich dem Eingang näherte, löste sich aus dem Dunkel eine Gestalt. Ich verhielt meinen Schritt. Was sollte ich tun? Überfälle, zumal in der Nacht, waren dort an der Tagesordnung. Aber rasch war meine Angst verflogen. Es war der Mann vom Vormittag: »Haben Sie eine deutsche Bibel?« Beschämt und tief innen angerührt konnte ich ihm nun eine Bibel aushändigen und mit warmen Worten des Dankes ging er in die Nacht zurück. Ich war erleichtert, dass es durch die Geduld und Ausdauer dieses Mannes doch noch möglich geworden war, ihm zu einer Bibel in seiner Muttersprache zu verhelfen, die er in seiner Kindheit gelernt, aber seither nie mehr gesprochen hatte.

Mir fiel das Wort aus dem Propheten Amos ein (8, 11): »Siehe, es kommt die Zeit, spricht Gott der Herr, dass ich einen Hunger ins Land schicken werde, nicht einen Hunger nach Brot oder Durst nach Wasser, sondern nach dem Wort des Herrn.« Jener alte Mann in der Ukraine, der, wie er mir kurz erzählte, seit Jahrzehnten keinen deutschsprachigen Gottesdienst mehr gehört hatte, ist mir zu einem Beispiel für das Verlangen nach Gottes Wort geworden, das heute in vielen Teilen der Erde zu beobachten ist. Nicht gerade bei uns in der westlichen Hemisphäre, aber anderswo. Es ist so, wie Martin Luther einmal geschrieben hat, dass Gottes Wort als »ein fahrender Platzregen« kommt und wirkt, heute hier, morgen bei anderen Menschen.

Gemeinschaft
des heiligen Geistes

Zum Leben und Dienst eines Bischofs gehört auch das Reisen. Nicht nur in seinem eigenen Kirchengebiet. Er muss Kontakte knüpfen und Partnerschaften pflegen mit anderen Kirchen, auch in Übersee. Denn das Reich Gottes ist größer als eine Landeskirche oder die EKD. Es hat weltweite Dimensionen.

Zwischen der württembergischen Kirche und der anglikanischen Diözese Rift Valley in Zentral-Tansania war eine Partnerschaft entstanden. Der dortige Bischof, Dr. Alpha Mohamed, ein von der ostafrikanischen Erweckungsbewegung geprägter Mann, war mir bei einem Besuch in der Bundesrepublik begegnet; bald hatten wir eine tiefe geistliche Übereinstimmung gefunden und waren Freunde geworden. Mehrmals hat er dann unsere Kirche besucht und Predigt- und Vortragsdienste in Gemeinden und bei Pfarrern getan. So war es nur selbstverständlich, dass auch ich den Freund und seine Kirche in Tansania besuchte.

Im Sommer 1992 war ich zu einem solchen Besuch in der Rift-Valley-Diözese. Gemeinsam fuhren wir durch die Gemeinden dort im ostafrikanischen Grabenbruch, einer der ärmsten Gegenden des Kontinents, wo nahezu alles fehlt, was nach westeuropäischem Standard das Leben ausmacht. Und doch sah ich die Gemeinden in diesem armen Gebiet unter einer großen Verheißung. Am Tag meiner Ankunft in Dar es Salaam, am 22. Juli 1992, hatte ich im Losungsbüchlein das Wort gelesen:

*»Das Land wird voll Erkenntnis des Herrn sein,
wie Wasser das Meer bedeckt.«* (Jesaja 11,9)

So habe ich es auch angetroffen: lebendig blühende Gemeinden, Gottesdienste voller Lieder und Chöre, mehrere Stunden dauernd, fröhliche Mitarbeiter, aufmerksame Zuhörer, immer die aufgeschlagene Bibel in der Hand.

Eines Morgens holt mich Bischof Alpha in meinem Quartier ab, in dem es weder fließendes Wasser noch anderen Komfort gab, und sagt zu mir: »Heute fahren wir in mein Heimatdorf, weit draußen in der Savanne. Dorthin, wo ich als Moslem geboren bin und durch den Dienst eines schlichten Evangelisten zum Glauben kam. Die Menschen dort freuen sich, wenn du mit ihnen Gottesdienst feierst.«

Stunde um Stunde fuhr uns der Landrover durch sengende Sonne und undurchdringlichen Staub. Auf einmal dringt fröhliches Singen an unser Ohr. Die Jugend der Gemeinde kam uns entgegen, um uns zu begrüßen. Singend begleiteten sie uns die letzten Kilometer. Geradezu umwerfend herzlich war der Empfang im Dorf. Alle Bewohner, Jung und Alt, waren auf den Beinen. Nach einem kurzen Imbiss sollte der Gottesdienst beginnen. Die Kirche konnte die Menge nicht fassen. Viele mussten vor den Kirchenmauern warten und dort zuhören. Dabei war es fast ein Glücksfall, dass die Kirche noch nicht fertig gebaut war. Es standen bisher nur die rohen Mauern; das Dach und die Fenster fehlten, weil der Gemeinde das Geld ausgegangen war.

Ehe die beiden Bischöfe mit den Geistlichen die Kirche betraten, sagte mir Bischof Alpha ins Ohr: »Du wirst nun zuerst den Häuptling, den Chief dieser Region, und seine Frau, taufen. Sie sind zum Glauben gekommen, wurden im Bekenntnis unterwiesen und sollen heute in die Gemeinde aufgenommen werden. Das ist ein großer Tag für diesen ganzen Distrikt.«

Man muss ja bei Besuchen in jungen Kirchen immer auf Überraschungen gefasst sein. Aber so etwas war mir noch nie begegnet. Und ehe ich mich versah, knieten am Eingang der Kirche der Häuptling und seine Frau, und neben ihnen Bischof Alpha, der für sie das Patenamt übernahm. Ohne eine Taufagende, die ich natürlich nicht bei mir hatte, und ohne jede Vorbereitung habe ich dann die Taufe vollzogen. Jetzt war mir klar, dass mir die Losung am Morgen dieses Tages das Wort für diese Stunde in den Mund gegeben hatte:

»Der Herr segne dich und behüte dich.«
(4. Mose 6,24)

In großer Freude konnte ich den beiden »Täuflingen« dieses Wort zusprechen und unter dem Gebet der Gemeinde die Taufhandlung an ihnen vollziehen. Dann zogen wir in die Kirche ein, und der eigentliche Gottesdienst begann. Wiederum war es das Losungswort vom Morgen, das meiner Predigt zugrunde lag:

»Die Gnade unseres Herrn Jesus Christus
und die Liebe Gottes und die Gemeinschaft
des heiligen Geistes sei mit euch allen!«
(2. Korinther 13,13)

Es war ein schöner Gottesdienst, voller Leben und Bewegung. Man wird als Prediger von der Lebendigkeit einer solchen Gemeinde einfach mitgetragen und mitgerissen, man fühlt sich hineingenommen in die große Gemeinschaft der Kinder Gottes, die auf allen Kontinenten wohnen.

Während meiner Predigt, die mein Begleiter, Pfarrer Fritz Würschum, Satz für Satz in die Suaheli-Sprache übersetzte, überlegte ich mir, wie ich für die Zuhörer das Stichwort »Gemeinschaft des heiligen Geistes« anschaulich machen könnte. Da kam mir ein Gedanke: »Eure Kirche ist noch nicht fertig. Es fehlt das Dach. Wenn die Regenzeit kommt, werdet ihr in der Kirche nass. Als ein Zeichen unserer Gemeinschaft im Glauben, von der das heutige Losungswort spricht, möchte ich euch das Geld für euer Kirchendach stiften. Denn der Heilige Geist ist nicht nur die Kraft, die uns bewegt, er ist auch das Dach, das uns beschirmt.«

Was jetzt kam, lässt sich mit Worten nicht beschreiben. Ein Orkan freudiger Begeisterung setzte ein. Niemand hielt es auf seinem Platz. Singend, jubelnd, tanzend gab die Gemeinde ihrer Freude Ausdruck. Es war einfach »unbeschreiblich«. Ja, das war einer der glücklichsten Tage meines Lebens: die lebendige und leibhaftige Erfahrung der »Gemeinschaft des heiligen Geistes!«

Zweieinhalb Jahre später war ich wieder in Kintinku. Die Kirche war fertig, ein festes Dach schützte die Gemeinde vor Sonne und Regen. Und ich traf wieder den Häuptling Solomon Mombo. Und noch einmal wartete eine Überraschung auf mich. Gegen Ende des Gottesdienstes kam der Häuptling nach vorne und hielt eine kurze Rede: Dank für seine Taufe, Freude am Leben im Glauben, Kraft durch die Gemeinschaft der Glaubenden. Und dann kündigte er mir ein Geschenk an. Just in diesem Augenblick wurde eine Seitentür der Kirche geöffnet und herein kam – ein Enkel des Häuptlings mit einem wunderschönen lebenden Schaf! Einmalig, eine solche Geste der Dankbarkeit! Und für die »Mama Askofu«, die Ehefrau des Bischofs, gab es einen dreibeinigen Hocker, aus einem einzigen Baumstamm handgeschnitzt, heute eine Zierde unseres Wohnzimmers. Ich hoffe, dass sich mein Schaf im Stall von Bischof Alpha wohl fühlt – sofern es noch lebt.

Das vergessene Losungswort

Auch Peinlichkeiten können von heilsamer Wirkung sein. Das habe ich im Zusammenhang mit den Losungen einmal drastisch erfahren. Und nicht wenige Menschen waren es, die durch diese »heilsame Peinlichkeit« in ihrem Umgang mit dem Losungsbüchlein neu angespornt wurden.

Im August 1993 war ich eingeladen, beim Jahresfest der Brüdergemeine in Herrnhut die Festpredigt zu halten. Ich war noch nie an diesem Ort gewesen, der in der Geschichte des Reiches Gottes in unserem Land eine so große Rolle gespielt hat. Die Trennung unseres deutschen Vaterlandes hatte einen Besuch bisher unmöglich gemacht. Umso größer war nun meine Erwartung, diesen Ort kennen zu lernen. Es gibt auf der geistlichen Landkarte Orte des Segens, von denen auch nach Jahrhunderten besondere Ausstrahlungen ausgehen. Herrnhut gehört für mich dazu.

Es war ein volles Programm, das man in Herrnhut für mich vorbereitet hatte. Fast konnten es die wenigen Tage nicht fassen. Ich kann sie kaum aufzählen, die vielen Eindrücke jener Tage: der unvergesslich schöne festliche Gottesdienst im Großen Kirchsaal der Brüdergemeine mit seinen strahlend weißen Bankreihen, die eindrucksvolle Feier des Liebesmahls, von Frauen in Trachten der Zeit Zinzendorfs gereicht, der Gang hinauf zum Gottesacker, wo die Toten in langen Reihen bestattet sind, dem großen Auferstehungstag entgegenharrend, ein Grab so schlicht wie das andere, in der Mitte die in Stein gehauenen Gräber des Grafen Zinzendorf und seiner Frau, der Weg zur Kirche im nahen Berthelsdorf, wo an jenem

13. August 1727 die eigentliche Gründung der Brüdergemeine geschah ... Ja, es waren ungemein viele Eindrücke, die in den wenigen Tagen auf mich einstürmten.

Am meisten aber war ich gespannt auf den Besuch im Vogtshof, jenem alten Gebäude, wo man jedes Jahr nach einem bestimmten Ritus die Losungen zieht, die dann weltweit verbreitet und gelesen werden. Bischof Gill von der Brüdergemeine wollte mir dort alles zeigen und erklären.

So stieg ich voller Erwartung die breite Treppe des Vogtshofs hinauf, um in den Raum zu gelangen, aus dem die Losungen kommen. Ich hatte gerade die oberste Treppenstufe erreicht, als eine helle Lampe aufblitzte, eine Fernsehkamera zu surren begann und ein Reporter mit seinem Mikrofon auf mich zutrat: »Können Sie mir das Losungswort für diesen Tag sagen?« Ich muss hier hinzufügen, dass in jenen Monaten gegen Ende meiner Dienstzeit ein Fernsehteam des Süddeutschen Rundfunks hinter mir her war, um einen Film über meine Bischofsjahre zu drehen. Bei meinem Ausscheiden aus dem Amt sollte dieser Film ausgestrahlt werden.

Nun, ich stand reichlich überrascht und verdutzt auf der obersten Treppenstufe, vor mir der Reporter mit dem Mikrofon. Das heutige Losungswort? Ich strengte meine Gedanken an und besann mich – aber es fiel mir in diesem Augenblick nicht mehr ein. Und dabei hatte ich es am frühen Morgen gelesen, das wusste ich ganz genau. So sehr ich mich auch zu erinnern suchte – das Wort war verschwunden und stellte sich auch nicht wieder ein. Ein typischer Black-out. So musste ich schließlich vor der Fernsehkamera zugeben: »Es tut mir Leid, ich weiß es nicht mehr.« Ich spüre noch heute, wie peinlich mir dieses »Bekenntnis« war: das Losungswort vergessen! Und das ausgerechnet in Herrnhut und an dem Tag, als ich dem Entstehungsort der Losungen so nahe war! Mehr als peinlich! Ich setzte meine ganze Hoffnung darauf, dass bei der

Zusammenstellung des Filmes diese Szene herausgeschnitten würde.

Monate später, März 1994. Mein 65. Geburtstag lag hinter mir, das Ende meiner Dienstzeit stand unmittelbar bevor. In den Fernsehprogrammen war der Film angezeigt: »Zusammenhalten ist schon viel. Landesbischof Theo Sorg am Ende seiner Amtszeit.« In der besten Sendezeit am Samstagabend lief der Streifen ab – und die peinliche Szene in Herrnhut wurde in ganzer Länge gezeigt.

In den folgenden Wochen und Monaten haben mich viele Menschen auf diese Sendung angesprochen. Und alle taten es mit dem gleichen Tenor: Wie gut, dass diese Szene, die für Sie gewiss peinlich war, nicht herausgeschnitten und unterschlagen wurde. Es passiert uns selber immer wieder, dass wir das Losungswort vom Morgen am Abend nicht mehr wissen. Und trotzdem lesen wir das Losungsbüchlein weiter, jeden Morgen neu. Nun wissen wir, dass es auch im geistlichen Leben eines Bischofs ganz menschlich zugeht.

So hat das vergessene Losungswort des Bischofs eine Wirkung gehabt weit über den Tag und den unmittelbaren Anlass hinaus, bei vielen Lesern – und bei mir selbst.

Zuspruch in
bedrückender Situation

Das waren wohl die schwersten Monate in meinem bisherigen Leben. In dieser Zeit ist mir in seiner ganzen Tiefe bewusst geworden, was Anfechtung heißt. Und ich bin dem auf die Spur gekommen, was Paulus meint, wenn er einmal schreibt, dass wir nicht »mit Fleisch und Blut« zu kämpfen haben, »sondern mit Mächtigen und Gewaltigen, nämlich mit den Herren der Welt, die in dieser Finsternis herrschen, mit den bösen Geistern unter dem Himmel« (Epheser 6, 12).

Eine unserer württembergischen Pfarrerinnen hatte in einem Buch Anschauungen veröffentlicht, die selbst bei größter Toleranz nicht mehr mit der Bibel und der kirchlichen Lehre zu vereinbaren waren. Das Gottesbild, die Gestalt Jesu, sein Tod am Kreuz, das Abendmahl und manches andere wurden in einer Art und Weise uminterpretiert und mit Erscheinungen der antiken Religionswelt und der Mythologie zusammengebracht, dass dies nur als eine Kampfansage gegen die Kirche, ihre Lehre und Verkündigung und gegen ihre Leitung aufgefasst werden konnte.

Alle Versuche, mit dieser Pfarrerin in ein klärendes Lehrgespräch zu kommen, scheiterten. Im Gegenteil, sie spitzte ihre Thesen immer provozierender zu. So musste es schließlich zur Einleitung eines Lehrverfahrens kommen. Viele Überlegungen innerhalb der Kirchenleitung gingen dem voraus. Denn niemand stürzt sich ohne Not in einen derartigen Clinch, zumal das letzte Verfahren dieser Art Jahrzehnte zurücklag.

Es war schließlich unvermeidlich, das Verfahren zu eröffnen, wenn die Kirchenleitung ihrer Pflicht, über der Lehre in der Kirche zu wachen, gerecht werden wollte. Auf den 21. Januar 1993 war der erste Tag der mündlichen Verhandlung festgesetzt. Als Vorsitzender des Spruchkollegiums der Landeskirche traf ich an diesem Morgen einen völlig überfüllten Sitzungssaal an. Große Scharen von Zuhörern konnten nicht mehr eingelassen werden. Selbst bei größter Anstrengung war im Saal kaum die zur Sitzung notwendige Ruhe herzustellen. Bewusste Störungen, ständige Zwischenrufe, lautstarkes Gerede sorgten für eine angespannte und gereizte Atmosphäre. Zahlreiche Anhängerinnen der Pfarrerin tanzten lärmend vor den Fenstern des im Erdgeschoss liegenden Sitzungssaales. Ihr Rechtsanwalt suchte mit allen nur denkbaren Tricks und Drohungen von der zu verhandelnden Sache abzulenken. Es war wirklich »die Hölle los«. Nach mehrstündiger Verhandlung, die mir als dem Sitzungsleiter das Äußerste an Konzentration und Selbstbeherrschung abverlangte, musste die Verhandlung wegen eines unterschiedlich bewerteten Formfehlers bei der Vorbereitung des Verfahrens unterbrochen und vertagt werden.

Am Morgen dieses Tages hatte ich wie gewohnt mit meiner Frau die Losung gelesen. Ich musste zweimal hinschauen, als ich dort las:

»*Gelobt sei der Herr täglich* ...«

Nein, mir war heute nicht nach Lob Gottes zumute, gewiss nicht. Aber dann las ich weiter:

»*Gott legt uns eine Last auf,*
aber er hilft uns auch.«   (*Psalm 68,20*)

Ja, das war nun doch das richtige Wort für diesen Tag. Das mit der auferlegten Last hatte ich spürbar, bis ins Psychische hinein erfahren. Doch am Ende dieses Tages konnte ich auch den zweiten Teil des Losungswortes nachsprechen:»... aber er hilft uns auch«. Nicht nur, dass ich diesen Tag, wenigstens äußerlich, in einer relativen Ruhe und Beherrschung durchstehen konnte, ich habe am folgenden Tag im dicht gefüllten Freiburger Münster bei einem Ökumenischen Gottesdienst zum Abschluss des»Jahres mit der Bibel« in großer innerer Freiheit die Predigt halten können.

Nun begannen pflichtgemäß neue Ermittlungen gegen die Pfarrerin. Mit größtmöglicher Sorgfalt wurden sie durchgeführt und dokumentiert. Die Medien waren nicht untätig in dieser Zeit. Immer wieder boten sie der angeklagten Pfarrerin ein Forum, um ihre Ansichten darzustellen und unters Volk zu bringen. Ihre Anhängerinnen ließen nichts unversucht, mich psychisch unter Druck zu setzen. 600–700 Droh- und Schmähbriefe gingen in jenen Wochen bei mir ein, deren Inhalt zu einem erheblichen Teil von massiven Emotionen bestimmt war.

Wochen vergingen. Die tägliche Arbeit im Bischofsamt nahm mich wieder gefangen. Über allem aber hing das Damoklesschwert der weitergehenden mündlichen Verhandlung. Schließlich wurde sie terminiert auf einen Tag Anfang Dezember. Alles war gespannt, wie es nun weitergehen würde. Zahlreiche Brüder und Schwestern, ganze Gemeindekreise aus dem Land hatten mich ihrer Fürbitte versichert. Trotzdem ging ich mit Bangen auf den festgesetzten Tag zu.

Da geschahen auf einmal Dinge, die nicht vorauszusehen waren. Der Verteidiger der Pfarrerin gab sein Mandat zurück, und wenige Tage vor der anberaumten Verhandlung traf ein Schreiben von ihr ein, in dem sie ihr Pfarramt niederlegte und auf alle Rechte aus der Ordination verzichtete. Postwendend löste der Oberkirchenrat das Dienstverhältnis mit ihr auf. So kam der folgenden mündlichen Verhandlung nur noch formale Bedeutung zu: Die Verlesung der Anklageschrift und die nun notwendig gewordene Einstellung des Verfahrens. Die Sache war zu Ende; es blieb nur noch das nachklappende »Geräusch« einzelner Medien und für mich die Enttäuschung, dass es durch einen rechtlichen Schritt unmöglich geworden war, in den angesprochenen theologischen Fragen Recht zu sprechen und die biblische Lehre neu auf den Leuchter zu stellen.

> *»Ich hebe meine Augen auf zu den Bergen.*
> *Woher kommt mir Hilfe?*
> *Meine Hilfe kommt vom Herrn,*
> *der Himmel und Erde gemacht hat.«*
> *(Psalm 121,1–2)*

So lautete das Losungswort des Tages der mündlichen Verhandlung. Wieder einmal hatte ich die Wahrheit und die Hilfe des Losungswortes in einer besonders bedrückenden Situation erfahren. Zwar konnte das Spruchkollegium durch die eingetretenen Umstände nicht mehr Recht sprechen. Aber das Kollegium des Evangelischen Oberkirchenrats hat in den folgenden Wochen und Monaten gesprochen, was hier notwendig war. Auf meine Anregung hin haben sich die Mitglieder des Kollegiums, Bischof, Prälaten und Oberkirchenräte zusammengetan und in zahlreichen Städten unseres Landes durch gemeinsam veranstaltete Vortragsreihen über die Bedeutung und den Inhalt des christlichen Glaubens gesprochen und seine Relevanz für unsere Zeit herausgestellt. So ist aus dieser für die ganze Kirche beschwerlichen Angelegenheit doch noch etwas Gutes erwachsen.

»Du meine Seele, singe«

Höchst selten einmal geschieht es, dass ich in der Nacht einen Traum habe, den ich am Morgen noch weiß. Meine Frau ist an diesem Punkt das genaue Gegenteil von mir. Sie »erlebt« viele Träume, und es ist am Morgen nicht selten eine spannende Sache, wenn sie ihre Träume erzählt.

Im August 1993 waren wir zum Sommerurlaub wieder in unserem geliebten Arosa in Graubünden. Die Ruhe und die saubere Gebirgsluft hatten uns erquickt, und wir rüsteten uns zur Heimkehr. Vor uns lagen die letzten Monate meines aktiven Dienstes. Im Frühjahr 1994 werde ich nach meinem 65. Geburtstag mein Amt in jüngere Hände legen und in den Ruhestand treten. Aber diese letzte Wegstrecke wird noch einmal eine hohe Hürde werden. Viele begonnene Arbeiten müssen zu einem Abschluss gebracht werden, die Fortschreibung und Neufassung des württembergischen Pietistenreskripts zum Beispiel, ein Ereignis von kirchenhistorischer Bedeutung. Aber auch das seit Monaten laufende Lehrzuchtverfahren war zu Ende zu führen. Grund genug, mit gemischten Gefühlen an die Heimfahrt zu denken.

Da kommt am letzten Morgen in Arosa meine Frau an den Frühstückstisch: »Denk nur, ich hatte einen Traum, und was für einen!« Und dann beginnt sie zu erzählen von einem großen Chor von Sängern, mit dem zusammen sie in vielen Stimmen das Loblied Paul Gerhardts gesungen hat:

»Du meine Seele, singe,
wohlauf und singe schön
dem, welchem alle Dinge
zu Dienst und Willen stehn.
Ich will den Herren droben
hier preisen auf der Erd;
ich will ihn herzlich loben,
solang ich leben werd.«

Und während meine Frau erzählt, wie schön das war, als sie diesen Choral sogar im Kanon gesungen haben, hatte ich das Losungsbüchlein aufgeschlagen und las die Worte für den Tag unserer Rückfahrt, dem 28. August 1993, mit dem die letzte Phase meines Dienstes im Bischofsamt begann:

»Mein Herz ist bereit, Gott,
mein Herz ist bereit, dass ich
singe und lobe.«   *(Psalm 57,8)*

»Alles, was ihr tut mit Worten
oder mit Werken, das tut alles im
Namen des Herrn Jesus und dankt
Gott, dem Vater, durch ihn.«   *(Kolosser 3,17)*

Voller Dankbarkeit sind wir dann an diesem Tag zurückgefahren in die Heimat, und ich habe am nächsten Morgen mit dem geistlichen Rückenwind dieser Losungsworte noch einmal meinen Dienst aufgenommen.

»Witwen und Waisen
hält er Schutz«

Tief betroffen erhoben sich die Mitglieder der Landessynode
und der Kirchenleitung von ihren Plätzen, als der Präsident zu
Beginn eines Sitzungstages bekannt gab, dass am Tag zuvor,
am 23. November 1993, plötzlich und ohne Vorzeichen einer
unserer Pfarrer verstorben war, noch keine 60 Jahre alt. Er
stand mitten in der blühenden Arbeit einer Doppelgemeinde
nahe Tübingen, nachdem er zuvor Jahre hindurch eine Gemeinde der Herrnhuter Brüdergemeine in Südafrika geleitet
und dort, zusammen mit seiner tatkräftigen Frau, viel für die
einheimischen Christen bewegt und erreicht hatte.

Ich selbst fühlte mich gleichermaßen betroffen, war ich
doch mit dem so jäh Verstorbenen seit den Tagen gemeinsamer
Jugendarbeit persönlich verbunden gewesen. Ungezählte Begegnungen und Gespräche hatten wir in all den langen Jahren
gehabt und ich war immer aufs Neue von seinen anregenden
Ideen beeindruckt. Der Verstorbene war zugleich auch politisch stark interessiert gewesen und hatte sich auf diesem
Gebiet aktiv betätigt. Im Gedenken an seine Frau und seine
drei Kinder wurden mir die beiden Losungsworte des Sterbetages wichtig, die für die Hinterbliebenen zum tragenden Trost
wurden:

»Dennoch bleibe ich stets an dir;
denn du hältst mich bei meiner rechten Hand.«
(Psalm 73,23)

*»Jesus rief laut: Vater, ich befehle
meinen Geist in deine Hände.«*

(Lukas 23,46)

In einer würdigen Trauerfeier haben wir am ersten Advents-sonntag in seiner Kirche von ihm Abschied genommen, ehe er dann nach dem Ritus der Herrnhuter durch einen befreundeten Bischof aus Südafrika auf dem Dorffriedhof beigesetzt wurde. Die Breite der Gedenkworte, vom württembergischen Landesbischof bis zum Bundesminister aus Bonn, ließ noch einmal etwas deutlich werden von der Wertschätzung, der sich der Verstorbene hatte erfreuen können.

Für seine Witwe und die heranwachsenden Töchter stellte sich in den folgenden Wochen die Frage, wo sie in der Zukunft bleiben sollten. Das Pfarrhaus musste, wie das üblich ist, nach einer bestimmten Frist für den zu wählenden Nach-folger freigemacht werden. Gerne wollte die Familie an dem vertrauten Ort bleiben. Aber wohin? Angemessene Wohnun-gen waren und sind gerade in dieser Gegend rar und teuer. Vieles wurde in jenen Wochen des Übergangs überlegt und dann wieder verworfen. Da kommt der Witwe bei ihrem Überlegen in Erinnerung, dass ein ortsansässiger Handwerks-meister vor einiger Zeit ein Haus in schöner Lage gebaut hat, es aber nur zum Abstellen seiner Maschinen nutzt. Vielleicht könnte daraus ein neues Domizil für die Familie werden? Mit kleinen Umbauarbeiten wäre das Haus leicht als Wohnhaus herzurichten.

Gedacht, getan. An einem Sonntagmorgen geht die Witwe nach dem Gottesdienst in das Haus des besagten Handwerks-meisters, um vorsichtig zu fragen, ob dieses Haus vielleicht an ihre Familie vermietet werden könnte. Der Eigentümer ist noch nicht vom Gottesdienst zurück. So trifft sie nur seine alten Eltern an und trägt ihnen ihr Anliegen vor. Sie ist noch nicht zu Ende, da unterbricht die Mutter ihre Rede und sagt: »Frau Pfarrer, Sie brauchen jetzt nicht weiterzureden; diese Sache ist schon besprochen.« Ungläubig steht die Pfarrfrau vor den Alten. »Schon besprochen? Was soll das heißen? Kommt das Haus also für uns nicht in Betracht?«»Doch, Frau Pfarrer, diese Sache ist besprochen und erledigt. Heute Morgen haben wir in der Losung gelesen (es war am 20. März 1994):

> *»Den Frommen geht das Licht auf*
> *in der Finsternis von dem Gnädigen,*
> *Barmherzigen und Gerechten.«*
> *(Psalm 112,4)*

Und dann geht es weiter im Psalm 112:

> *»Wohl dem, der barmherzig ist*
> *und gerne leiht und das Seine tut,*
> *wie es recht ist!«* *(Psalm 112,5)*

Als wir das gelesen hatten, sagte ich zu meinem Sohn: »Friedrich, dieses Losungswort heißt für dich, dass du dein Haus für die Frau Pfarrer herrichtest und es an sie vermietest.« »Ja, so soll es sein,« sagte darauf der Sohn.

Als sich die Pfarrfrau in sprachlosem Erstaunen zum Gehen wendet, stürmt gerade der Sohn die Treppe herauf. Sie versucht, ihm in aller Kürze noch einmal ihre Bitte vorzutragen. Doch er nimmt sich gar keine Zeit. »Diese Sache ist besprochen«, sagt er, »Sie bekommen das Haus.« Und sie bekam es, fühlt sich wohl darin und ist bis heute dankbar für dieses Wunder, das Gott mit Hilfe des Losungsbüchleins ihr erwiesen hat, schon ehe sie hatte darum bitten können. So ist Gott. Ja, es ist wahr, was in einem bekannten Lied unseres Gesangbuches steht:

»Sehende Augen gibt er den Blinden,
erhebt, die tief gebeuget gehn;
wo er kann einige Fromme finden,
die lässt er seine Liebe sehn.
Sein Aufsicht ist des Fremden Trutz,
Witwen und Waisen hält er Schutz.
Halleluja, Halleluja.«

Jesus am Ufer

Es wird heute viel vom humanen Sterben geredet. Den Menschen ein würdiges Sterben zu bereiten und sie auf ihrer letzten Wegstrecke nicht allein zu lassen, ist eine hohe Aufgabe. Aber für Christen gibt es ein noch höheres Gut. Die Väter unseres Glaubens sprachen vom »seligen Sterben«. In vielen unserer Gesangbuchlieder wird es angesprochen, dieses selige Ende, das Sterben im Wissen um das Geborgensein in der Hand Jesu Christi, der ein Herr über Lebende und Tote ist.

Walter Arnold, württembergischer Oberkirchenrat, zwei Jahrzehnte lang Leiter des Referats für Mission, Ökumene und Publizistik in der Kirchenleitung, früherer Präsident des CVJM-Weltbundes, Mitglied des Zentralausschusses des Weltkirchenrats und Vorsitzender der Bibelgesellschaft, hat ein solches »seliges Sterben« gehabt. Am 8. April 1994 ist er von Gott aus diesem Leben abgerufen worden, erst 64 Jahre alt. Sein Sterben hat eine Vorgeschichte, die sich über Monate hinzog. Er ist in dieser Zeit durch die Art, wie er sein Leiden getragen hat und wie er vor anderen darüber redete, vielen zum Segen geworden.

Mein eigenes Leben war auf vielfältige Weise mit dem seinigen verbunden. Als 14-jährige haben wir während des Zweiten Weltkrieges, als auf den Straßen die HJ-Kolonnen marschierten, eine Jungschar geführt, zu der 80 Buben gehörten. Wir haben später miteinander studiert, er wurde mein Vikar. 20 Jahre saßen wir miteinander in der Kirchenleitung. Eine Freundschaft unter Männern, wie sie heute selten geworden ist, in 50 Jahren bewährt. So hat es sich ganz natürlich ergeben, dass ich ihn auch auf seinem letzten Weg begleiten konnte und ihm neben seiner Familie besonders nahe war.

Anhaltende Beschwerden hatten es nötig gemacht, dass Walter Arnold sich im Juli 1993 einem operativen Eingriff unterziehen musste. Dabei wurde festgestellt, dass er ein bösartiges Geschwür hatte, das nicht zu operieren war. Der Professor gab ihm, als er ihn nach seiner noch zu erwartenden Lebensdauer fragte, die Antwort, das statistische Mittel der Lebenserwartung bei diesem Krankheitsbefund liege bei sechs Monaten. Ich war bei meinem ersten Besuch im Krankenhaus erstaunt, wie ruhig der Patient mir diesen Befund erzählte und wie eine seiner ersten Reaktionen war: »Nun muss ich an mir selbst bewähren, was ich ein Leben lang anderen gepredigt habe.« Wir haben in der Folgezeit viel gesprochen über die Macht Jesu Christi, der auch heute Krankheiten heilen kann, gegen alle ärztlichen Prognosen. Aber immer wieder kamen wir zu dem Schluss, dass über uns allen nur Gottes Wille geschehen soll.

Der Prozess der Genesung machte erstaunliche Fortschritte, sodass Walter Arnold aus dem Krankenhaus entlassen werden konnte. Er kam wieder zu Kräften und konnte in begrenztem Umfang Dienste übernehmen, Predigtdienste, Beratungen, Seelsorge. Er setzte sich auch wieder ans Steuer seines Wagens und ein nicht Eingeweihter hätte meinen können, einem Gesunden zu begegnen. Er selbst rechnete nüchtern damit, dass seine Lebenszeit nur noch eine begrenzte sei, und er redete auch offen darüber. Im Oktober 1993 sprach er im Süddeutschen Rundfunk über Erfahrungen mit seiner Krankheit. Er wies hin auf die Bibel- und Losungsworte und auf die Gesangbuchverse, die ihm geholfen und ihn getragen haben und sprach von der Macht der Fürbitte, die ihn umgibt. »Ich bin Gott unendlich dankbar, dass der Bescheid des Arztes, dass bei mir eine Krebserkrankung vorliegt, nicht dazu geführt hat, dass ich innerlich oder äußerlich zusammengebrochen bin, sondern ich möchte sagen, dass es auch in den Krisen des Lebens eine Glaubensheiterkeit gibt und dass ich diese erfahren habe.« Wenn ich ihn bei späteren Besuchen fragte, wie es denn mit seiner Krankheit stehe, antwortete er mir:»Ich steh in meines Herren Hand und will drin stehen bleiben ...« So sind wir seinen Weg mitgegangen, die Angehörigen und Freunde, wissend und sehend, dass seine äußeren Kräfte langsam abnahmen, dass aber sein Glaube dabei nur weiter in die Tiefe wuchs.

Am Palmsonntag 1994 kam es zu einem plötzlichen Zerfall seiner Kräfte. Er musste wieder in die Klinik gebracht werden. Fortan ging es mit seiner Gesundheit bergab, die Schmerzen wurden stärker, die Kräfte weniger, die Konzentration schwächer, die Stimme leiser. Am Karfreitag hatte ich meinen Abschiedsgottesdienst als Landesbischof in der Stuttgarter Stiftskirche. Zum anschließenden Abendmahl blieben Hunderte von Menschen. Dann ging ich zu Walter Arnold ins Krankenhaus. Ich traf ihn in großer körperlicher Schwäche an und erzählte ihm ein wenig aus meiner Karfreitagspredigt, las ihm auch einen kleinen Abschnitt daraus vor. Auf meine Frage, ob er im Glauben gewiss sei, dass die Hand Jesu ihn festhalte, auch durch die Tür des Todes hindurch, antwortete er mit einem klaren Ja. Ein ebenso deutliches Ja kam auf die Frage, ob er durch sein Sterben jetzt bewähren wolle, was er im Leben den Menschen als Evangelium verkündigt habe. Ich habe dann an seinem Bett den Vers von Woltersdorf gebetet: »Will hinfort mich etwas quälen oder wird mir etwas fehlen oder wird die Kraft zerrinnen, so will ich mich nur besinnen, dass ich einen Heiland habe, der vom Kripplein bis zum Grabe, bis zum Thron, wo man ihn ehret, mir dem Sünder, zugehöret.« In der zweiten Vershälfte fing er an, leise mitzubeten:»... dass ich einen Heiland habe ...« Ich habe ihn dann gesegnet und mich von ihm verabschiedet. Dies war das letzte Mal, dass ich ihn bei Bewusstsein antraf. Aus der bald darauf eintretenden Bewusstlosigkeit ist er am Morgen des 8. April hinübergeschlummert in Gottes ewige Welt.

Beim Trauergottesdienst in der überfüllten Stuttgarter Stiftskirche predigte ich über das Wort, das an diesem Tag in der fortlaufenden Bibellese stand:

>>*Als es aber schon Morgen war,*
stand Jesus am Ufer.<<   *(Johannes 21,4)*

Dies war in langen Jahren zum Leitwort unserer Freundschaft geworden, es war unsere »Losung« bei allem, was wir überlegten, planten und dann gemeinsam ins Werk setzten, von unserer Zeit als Jungscharleiter bis hin zu den großen Aufgaben, die uns in der Kirchenleitung bewegten. »Jesus am Ufer« – diese Gewissheit gab uns Kraft, auch bei Widerständen einen klaren Kurs zu fahren. So war es für mich im Rückblick auf 50 gemeinsame Jahre wie ein Geschenk von Gott, dass dieses »Losungswort« gerade auf den Tag der Beerdigung meines Freundes fiel und ich ihm mit diesem Wort einen letzten Freundschaftsdienst tun konnte: »Als es aber schon Morgen war, stand Jesus am Ufer.«

Der letzte Arbeitstag

Mein Bischofsamt neigte sich dem Ende zu. In zwei Tagen, am 18. April 1994, werde ich meinen gewählten Nachfolger in einem Gottesdienst in der Stuttgarter Stiftskirche in sein neues Amt einführen und ihm als Zeichen seines Amtes das goldene Kreuz auf die Schultern legen, das alle württembergischen Bischöfe seit Theophil Wurm bisher getragen haben.

Zwei Tage vorher, es war Samstag, der 16. April 1994, gehe ich noch einmal in mein Büro. Ein letztes Mal. Sechs Jahre habe ich in diesem Raum gearbeitet. Wieviele Sitzungen wurden hier gehalten, Gespräche geführt, Entscheidungen getroffen. Über manchen Lebenslauf ist hier entschieden worden. Der richtige Weg für unsere Kirche, ihre Pfarrer- und Mitarbeiterschaft, das war das Begleitthema bei all diesen Gesprächen.

Nun lag das alles hinter mir. Ich konnte Abschied nehmen. Die persönlichen Bilder waren abgehängt, die Akten sortiert, der Schreibtisch aufgeräumt, schön, wie er vorher selten ausgesehen hatte. Mein Persönlicher Referent und die Sekretärinnen hatten gute Arbeit geleistet, wie sie es immer getan hatten.

Ein letztes Mal nehme ich das Losungsbüchlein in die Hand, das zum Inventar auf dem Schreibtisch gehört, und ich lese die Worte für diesen Tag:

»Der Herr war mit Josef, und was er tat, dazu gab der Herr Glück.« (1. Mose 39,23)

»Jesus spricht: Wer in mir bleibt
und ich in ihm, der bringt viel Frucht;
denn ohne mich könnt ihr nichts tun.«

(Johannes 15,5)

Ich weiß, mein Gott, dass all mein Tun
und Werk in deinem Willen ruhn,
von dir kommt Glück und Segen;
was du regierst, das geht und steht
auf rechten, guten Wegen.

(Paul Gerhardt)

Tief beschämt und ebenso dankbar lege ich das Losungsbüchlein an seinen Platz zurück. Ich weiß, ich bin nicht Josef. Dennoch spricht mich dieses Wort sehr persönlich an. Aus tiefem
Herzen kann ich mitsprechen: »Von dir kommt Glück und
Segen ...«

Deine Treue ist groß

Ja, ich habe sie immer wieder erfahren, die Treue Gottes, unter deren Zusage im Losungsbüchlein ich den Weg ins Bischofsamt angetreten habe, den Weg, den ich mir nicht gesucht hatte. Wie ein leuchtender Regenbogen sich über das regennasse Land wölbt, so standen über meinem Weg immer neue Zeichen dieser Treue.

Wie oft geschah es, dass bei meinen Gemeindebesuchen Menschen auf mich zutraten mit den Worten: »Wir beten täglich für Sie« oder »Wir stehen fest hinter Ihnen«. Wie oft erreichten mich Briefe, Anrufe oder andere Zeichen der Verbundenheit, die mir Mut machten, manchmal wie gezielt in eine depressive Phase oder in eine ausweglos erscheinende Situation hinein. Dass ich um mich her mitdenkende und zuverlässige Mitarbeiter und Mitarbeiterinnen hatte, habe ich durchaus nicht als eine Selbstverständlichkeit angesehen. Und dass ich alle diese Jahre hindurch nahezu ohne nennenswerte gesundheitliche Beeinträchtigung meinen aufreibenden Dienst tun konnte, nachdem ich zuvor immer wieder Probleme mit der Gesundheit hatte, das war für mich ein weiteres Zeichen der Treue Gottes.

Am meisten aber hat mir geholfen und mich gestärkt, dass in den Jahren meines Bischofsdienstes die Herrnhuter Losungen an meinen Geburtstagen immer aufs Neue die Treue Gottes mir ins Gedächtnis riefen und in meinem Herzen festmachten. Die »Geburtstagslosungen« jener Jahre lesen sich wie eine Perlenkette von Verheißungen.

Da las ich am Morgen meines 60. Geburtstages die Zusage Gottes und das Wort Jesu:

»Ich bin bei dir, dass ich dir helfe
und dich errette, spricht der Herr.«

(Jeremia 15,20)

»Verkauft man nicht fünf Sperlinge für
zwei Groschen? Dennoch ist vor Gott
nicht einer von ihnen vergessen. Aber
auch die Haare auf eurem Haupt sind
alle gezählt. Darum fürchtet euch nicht.«

(Lukas 12,6–7)

Am 62. Geburtstag lautete das neutestamentliche Losungswort:

»Alle eure Sorgen werft auf ihn;
denn er sorgt für euch.«   (1. Petrus 5,7)

Und darunter stand das Gebet von Dietrich Bonhoeffer:

»Vater im Himmel, Lob und Dank sei
dir für alle deine Güte und Treue
in meinem Leben. Du hast mir viel
Gutes erwiesen, lass mich auch das
Schwere aus deiner Hand nehmen. Du
wirst mir nicht mehr auferlegen, als
ich tragen kann. Du lässt deinen Kin-
dern alle Dinge zum Besten dienen.«

Nicht weniger ermutigend waren die Losungsworte an meinem 63. Geburtstag:

»So spricht der Herr Zebaoth:
Wer euch antastet,
der tastet meinen Augapfel an.«
                        (Sacharja 2,12)

»Jesus spricht: Mein Vater,
der mir meine Schafe gegeben hat,
ist größer als alles, und niemand
kann sie aus des Vaters Hand reißen.«
                        (Johannes 10,29)

»Es kennt der Herr die Seinen
und hat sie stets gekannt,
die Großen und die Kleinen,
in jedem Volk und Land.
Er lässt sie nicht verderben,
er führt sie aus und ein;
im Leben und im Sterben
sind sie und bleiben sein.«
                        (Philipp Spitta)

Und schließlich mein letzter Geburtstag während meiner aktiven Dienstzeit, der fünfundsechzigste. Fast bis in den Wortlaut hinein nahmen die Losungsworte dieses Tages im Jahr 1994 die Zusage der Treue Gottes auf, unter der ich sieben Jahre zuvor meinen Weg angetreten hatte:

»Mächtig waltet über uns seine Güte
und die Treue des Herrn bis in Ewigkeit.
Halleluja!«   *(Psalm 117,2)*

»Gott ist treu, durch den ihr berufen seid
zur Gemeinschaft seines Sohnes
Jesus Christus, unseres Herrn.«

(1. Korinther 1,9)

»Ohn dich wir hätten keinen,
der uns hier trägt und hält.
Wir aber sind die Deinen
vom Anbeginn der Welt.
Du bist der große Treue
im Leben und im Tod.
Wir bergen uns aufs Neue
in dir, du unser Gott!«

(Arno Pötzsch)

Ja, ich habe es erfahren: »Deine Treue ist groß.« Gott steht zu seinen Verheißungen. Auf sein Wort ist Verlass. Darum kann am Ende nur der Dank stehen:

»Welch ein Herr, welch ein Herr,
ihm zu dienen, welch ein Stand!«
(Karl Bernhard Garve)

Ein Traum erfüllt sich

Schon seit vielen Jahren hatte ich als ein Traumziel vor Augen, die Insel Patmos in der Ägäis einmal näher kennen zu lernen. Das steinige Felseneiland, auf dem in der Verfolgungszeit der frühen Christenheit Gott seinem verbannten Boten Johannes das letzte Buch der Bibel als Trostbuch für die Verfolgten geoffenbart hatte. Bei einer Kreuzfahrt hatte unser Schiff vor Jahren einmal kurz in Patmos angelegt, und wir waren zum Johanneskloster hinaufgestiegen. Aber das war nur ein flüchtiger Eindruck, einer unter vielen anderen, wie das bei einer Kreuzfahrt üblich ist. Unvergessen in meiner Erinnerung aber stand der Gottesdienst, oben im Hof der alten Klosteranlage, bei dem mein Freund, der schwedische Bischof Bo Giertz aus Göteborg die Predigt über Offenbarung 1, 8 gehalten hatte: »Ich bin das A und das O, spricht Gott der Herr ...«

Nun, gegen Ende meiner aktiven Dienstzeit, erreichte mich eine verlockende Einladung: Kurz nach Eintritt in den Ruhestand sollte ich mit einer Gemeindegruppe zehn Tage nach Patmos reisen und dort Bibelarbeiten über die Offenbarung des Johannes halten. Ohne langes Besinnen sagte ich zu. Patmos erleben, die felsige Insel mit ihren kahlen Höhen und schmucken Dörfern. Das Kloster und sein reiches spirituelles Leben aus der Nähe kennen lernen. Die Johannesoffenbarung an dem Ort studieren und auslegen, wo sie entstanden ist. Den vielen Bildern über Gottes Zukunft mit seiner Gemeinde nachsinnen, die einst den verfolgten Christen Trost und Hoffnung gegeben haben. Wirklich: Ein Traum erfüllte sich.

Erwartungsvoll trafen wir uns auf dem Stuttgarter Flughafen. Die Losung des Tages, des 13. Mai 1994, war mutmachend und stärkend:

»Geh hin, der Herr sei mit dir!«
(1. Samuel 17,37)

»Der Friede Gottes, der höher ist als
alle Vernunft, bewahre eure Herzen und
Sinne in Christus Jesus.« *(Philipper 4,7)*

Zunächst ein Tag auf der Insel Samos. Dann mit einem kleinen Boot nach Patmos. Unvergesslich, wie von weitem schon die dunkle Silhouette des Johannesklosters sichtbar wird, umgeben von dem strahlend weißen Häuserkranz der Ortschaft Skala, der sich an das Kloster wie an eine schützende Glucke anschmiegt.

Bald fühlen wir uns heimisch auf der Insel. Und nun soll die Auslegung des Offenbarungsbuches beginnen, Kapitel um Kapitel. Es ist Sonntag Exaudi, der 15. Mai 1994. Heute wollen wir uns das erste Kapitel dieses geheimnisvollen letzten Buches der Bibel vornehmen und ich möchte mit der Auslegung eine Einführung in dieses gewiss nicht leicht zu verstehende Buch geben. Die heilsgeschichtliche Auslegung nach der Tradition der Väter des Schwäbischen Pietismus, von Johann Albrecht Bengel über Carl August Auberlen bis zu Karl Hartenstein und Fritz Grünzweig, das ist die Linie, in der ich stehe. Dazu gehört, dass Jesus Christus die Mitte der Zeit und der Herr der Zukunft ist, und dass auf ihn, den Kommenden, alle Linien der Johannesoffenbarung zulaufen. Nicht die erklärenden

Bilder sind in diesem Buch das Entscheidende, auch nicht die schwer zu deutende Zahlensymbolik. Jesus Christus ist die Mitte der Zeit und der Zukunft, der Gekommene und der Wiederkommende. In seiner Hand ist die Geschichte der großen weiten Welt und sind die Geschicke unseres kleinen persönlichen Lebens zusammengefasst. Das wird den verfolgten Gemeinden in Kleinasien als Wort des Trostes und der Hoffnung gesagt.

In diesen vorbereitenden Überlegungen am frühen Morgen schlage ich das Losungsbuch auf und lese dort für diesen Tag das Wort:

>*Ich bin das A und das O, spricht*
Gott der Herr, der da ist und der
da war und der da kommt, der All-
mächtige.«   (*Offenbarung 1,8*)

Und darunter steht der Vers aus dem Lied Jochen Kleppers zur Jahreswende:

>*Der du allein der Ewge heißt*
und Anfang, Ziel und Mitte weißt
im Fluge unsrer Zeiten:
Bleib du uns gnädig zugewandt
und führe uns an deiner Hand,
damit wir sicher schreiten!«

Schöner hätten die Tage auf Patmos für mich nicht beginnen können.

»Ihr Ende schaut an«

Man soll das Leben eines Menschen von seinem Ende her betrachten und bewerten, so hat einmal ein Biograph geschrieben. Denn erst vom Ende aus erschließt sich das wahre Wesen eines Menschen. Dann wird auch erkennbar, welche Spuren ein Leben hinterlassen hat. So sagt es auch der Schreiber des Hebräerbriefes: »Gedenkt an eure Lehrer, die euch das Wort Gottes gesagt haben; ihr Ende schaut an und folgt ihrem Glauben nach« (Hebräer 13, 7).

Nicht selten geschieht es, dass das Losungswort des Sterbetages oder des Tages der Beerdigung das Leben eines Verstorbenen noch einmal in ein besonderes Licht stellt oder dass es unmittelbar zu seinen Angehörigen spricht. Mir ist das im Laufe der Jahre manches Mal begegnet.

Unsere gute Schwester Käthe! Eine Diakonisse nach dem Herzen Gottes! Jahrzehntelang eilte sie helfend, tröstend und ratend zu den Kranken und Alten der Stuttgarter Stiftsgemeinde, treppauf, treppab in den alten Mietshäusern. Während der schweren Kriegsjahre, als die Innenstadt durch Luftangriffe zerbomt war und die Gemeindeglieder sich in alle Winde zerstreuten, hat sie die noch verbliebenen Reste gesammelt und seelsorgerlich betreut. So war sie im besten Sinn zu einer »Mutter der Gemeinde« geworden, die an der Seite des Prälaten die Gemeinde durch ihre schwerste Zeit begleitete.

Nun musste sie altershalber ihren Dienst aufgeben. Die Kräfte taten nicht mehr mit. Ihr Abschied aus der Gemeinde wurde zu einem bewegenden Tag. Es war das Herrnhuter Losungswort dieses Tages, das Leben und Dienst von Schwester Käthe in ein helles Licht rückte:

»Ich bin mit dir gewesen, wo du hingegangen bist.«
(2. Samuel 7,9)

Dankbar haben wir unseren Abschied damals unter dieses Losungswort des 18. September gestellt. Es war übrigens dasselbe Wort, das Jahre zuvor am Sterbetag des Prälaten Hartenstein im Losungsbüchlein stand, mit dem zusammen sie die Stiftsgemeinde durch die Kriegsjahre gesammelt und geleitet hatte.

* * *

Die Frau eines meiner Kollegen in der Kirchenleitung war schwer an Krebs erkrankt. Sehenden Auges und in vollem Bewusstsein über den Ernst ihrer Krankheit ging sie mit ihrem Mann ihrer letzten Stunde entgegen. Ihr letzter Lebenstag, das Christfest 1974, stand unter den Losungsworten der Brüdergemeine:

»In Gottes Hand ist die Seele von allem, was lebt.«
(Hiob 12,10)

»Darum mögen wir leben oder sterben,
so gehören wir dem Herrn als Eigentum an.«
(Römer 14,8)

Am nächsten Tag schloss sie die Augen für immer. Die Angehörigen aber konnten ihre Augen zu ihrem Gott aufheben und mit dem Psalmvers dieses Tages beten, der im Losungsbüchlein stand:

»Ich hebe meine Augen auf zu den Bergen.
Woher kommt mir Hilfe?
Meine Hilfe kommt vom Herrn,
der Himmel und Erde gemacht hat.«
(Psalm 121,1–2)

»Lasset uns aufsehen auf Jesus, den Anfänger
und Vollender des Glaubens!«   *(Hebräer 12,2)*

Und am Tag der Beerdigung erreichte die Trauernden aus dem
Losungsbuch der tröstliche Zuspruch:

»Der Herr ist nahe allen, die ihn anrufen,
allen, die ihn ernstlich anrufen.«   *(Psalm 145,18)*

»Der Herr ist nahe! Sorget nichts,
sondern in allen Dingen lasset
eure Bitten im Gebet und Flehen
mit Danksagung vor Gott kundwerden!«
(Philipper 4,5–6)

* * *

Am 22. Juli 1975 erreichte mich in Brüssel, wo ich bei einem
großen europäischen Jugendtreffen die Bibelarbeiten zu halten
hatte, die Nachricht, dass mein Vater heimgerufen worden
war. Der zweite Herzinfarkt war tödlich gewesen. Seine letzte
Wegstrecke war von großer Schwachheit geprägt. An seinem
Sterbetag war die Losung:

» Wenn ich schwach bin, so hilft mir der Herr.«
(Psalm 116,6)

» Als Petrus den Wind sah, erschrak er
und hob an zu sinken, schrie und sprach:
Herr, hilf mir! Jesus aber reckte alsbald
die Hand aus und ergriff ihn.«
(Matthäus 14,30–31)

Ja, Jesus hat ihn ergriffen, für immer. Als wir einige Tage später den Vater zur letzten Ruhe geleiteten, fasste das Losungswort dieses Tages sein Pfarrersleben wie in einem Brennspiegel zusammen:

» Wenn du der Stimme des Herrn, deines Gottes,
gehorchen wirst: Gesegnet wirst du sein
bei deinem Eingang und gesegnet
bei deinem Ausgang.« *(5. Mose 28,1.6)*

✳ ✳ ✳

Im August 1994 erfuhren wir im Urlaub in Graubünden durch das Fernsehen, dass einer unserer großen Politiker einem schweren Krebsleiden erlegen war. Er hatte seine Wurzeln in der evangelischen Jugendarbeit unserer württembergischen Kirche, und wir beide hatten in früheren Zeiten manche Jugendfreizeiten miteinander gehalten. Seitdem war die Verbindung zwischen uns nicht abgerissen, und wir besuchten uns gelegentlich, auch als er politisch immer höher aufstieg und Bundesverteidigungsminister und schließlich Generalsekretär der Nato wurde.

Am nächsten Morgen läutet in unserer Ferienwohnung in Arosa das Telefon. Die Witwe meldet sich und überbringt mir den Wunsch ihres verstorbenen Mannes, ich möge die Beerdigung übernehmen. Im Wissen um die Schwere seiner Krankheit hatte sich der erst Neunundfünfzigjährige mit seinem Seelsorger in Brüssel auf den Tod vorbereitet. An seinem Sterbetag, dem 13. August 1994, standen im Losungsbuch die Worte:

»Herr, ich leide Not, tritt für mich ein!«
(Jesaja 38,14)

»Bittet, so wird euch gegeben; suchet,
so werdet ihr finden; klopfet an,
so wird euch aufgetan.«   *(Lukas 11,9)*

»Geh mit uns, wo wir gehen,
fleh mit uns, wenn wir flehen,
und segne, was wir tun;
so wird uns nichts mehr quälen
noch etwas Gutes fehlen,
bis wir von unsrer Arbeit ruhn.«
(N. L. von Zinzendorf)

Die Trauerfeier fand in der übervollen Stadtkirche in Göppingen statt. Der Sarg war von Generalen der Bundeswehr flankiert. Höchste Repräsentanten der Bonner und der europäischen Politik füllten die ersten Bankreihen der Kirche. Die große Gemeinde sang die vertrauten Choräle vom Sterben und Auferstehen Jesu Christi, und ich hatte auf ausdrücklichen

Wunsch des Verstorbenen zu predigen über ein Wort aus dem alten Gottesknechtlied von Jesaja 53:

»Die Strafe liegt auf ihm, auf dass wir Frieden hätten
und durch seine Wunden sind wir geheilt.«

* * *

Mit liebevoller Aufmerksamkeit hatte er meinen Weg begleitet, unser alter, treuer Dorfarzt; er war nicht nur Mediziner, sondern auch Seelsorger für viele. Auch als er seine Praxis in jüngere Hände übergeben musste, blieb er eine von Jung und Alt geschätzte Vertrauens- und Respektperson. Seine Frau war – wie ihr Mann – vielfältig in der Gemeinde engagiert, auf der Orgelbank und anderswo.

Eines Tages im Juli 1995, es war die Zeit, als unsere Gemeinde ohne Pfarrer war, erhielt ich einen Anruf, der mich über eine schwere Erkrankung der Arztfrau informierte. Eine plötzlich aufgetretene Gehirnblutung hatte sie gelähmt und in tiefe Bewusstlosigkeit gelegt. Bis ich kam, war sie schon in der Universitätsklinik in Tübingen. Es folgte eine schwere Zeit zwischen Hoffen und Bangen, zwei Wochen, in denen der Arzt und ich täglich zum Gebet zusammenkamen. Dann nahm der Tod die noch nicht Siebzigjährige aus diesem Leben. Wir waren gewiss, dass Jesus am Ufer stand, als sie ihre letzten Atemzüge tat. Im Losungsbuch lasen wir an diesem Tag die Worte, die unser Leben und Sterben, auch das der jetzt Heimgegangenen, in das Licht des ewigen Gottes rückten:

»Meine Zeit steht in deinen Händen!«
(Psalm 31,16)

»Leben wir, so leben wir dem Herrn;
sterben wir, so sterben wir dem Herrn.
Darum: wir leben oder sterben,
so sind wir des Herrn.«　　　*(Römer 14,8)*

Das Wichtigste zuerst

Drei Tage vor Weihnachten, 1995. In der pfarrerlosen Gemeinde, die ich als Ruheständler versehe, überschlagen sich die Aufgaben. Wie soll ich nur bewältigen, was in den Tagen bis zum Fest noch alles zu erledigen ist? Noch einige Besuche bei Schwerkranken in der Gemeinde, die letzten Besprechungen für den Ablauf der Gottesdienste. Wird der kleine Flötenchor seinen Part in der Christvesper meistern? Und dann die Vorbereitungen für die Predigten! Vierter Advent und Heiliger Abend fallen in diesem Jahr zusammen; das ergibt vier Gottesdienste in unserer Kirche an einem einzigen Tag; am nächsten Morgen folgt der Christfestgottesdienst. Und nicht zu vergessen die Einkäufe für die Festtage! Meine Frau liegt im Krankenhaus, weit entfernt im Schwarzwald. Ich muss also den ganzen Haushalt mitschleppen. Was werden wir brauchen, wenn Kinder und Enkel zu Besuch kommen? Und eigentlich wollte ich heute noch meine Frau im Schwarzwald besuchen.

Mit diesen Gedanken wache ich am Morgen auf, drei Tage vor Weihnachten. Und mit diesen Gedanken stürze ich mich ins Gewühl des Tages. Es gilt, keine Zeit zu verlieren. Jede Viertelstunde ist kostbar. Erledige ich zuerst die Einkäufe, ehe man an der Kasse lange anstehen muss? Oder beginne ich gleich mit der Predigtvorbereitung? Dazu ist der frühe Morgen für mich die beste Zeit.

Während mir diese Überlegungen durch den Kopf schwirren, vergesse ich das Wichtigste. Oder genauer: Ich hätte es fast vergessen. Auf einmal ist es wieder da, mitten im Chaos der sich überstürzenden Gedanken. Ich greife nach dem Losungsbüchlein und lese das Wort für den 21. Dezember:

»Gott der Herr hat mir das Ohr geöffnet.
Und ich bin nicht ungehorsam
und weiche nicht zurück.«   (*Jesaja 50,5*)

Ja, das Wichtigste! Die Stille vor Gott. Das Hören auf sein Wort. Er selbst ist es, der mir das Ohr für seine Stimme öffnen will. Und ich hätte sie fast überhört! So nehme ich die Bibel zur Hand und schlage den Tagestext auf. Und nun erlebe ich das zweite Wunder an diesem Morgen. Denn die Bibellese ist das alte Gottesknechtlied aus Jesaja 50, 4 – 9. Und dort lese ich zum zweiten Mal, wie wenn Gott das zuerst Gelesene noch einmal kräftig unterstreichen wollte:

»Gott der Herr hat mir das Ohr geöffnet.
Und ich bin nicht ungehorsam
und weiche nicht zurück …
Der Herr hilft mir, darum werde ich nicht
zuschanden.«

Nachdenklich und beschämt schaue ich vor mich hin. Ich wollte mich in die Arbeit stürzen – aber Gott kam mir zuvor. Er hat mir nachdrücklich gezeigt, wie wir unsre Arbeit bewältigen und unsre Tageszeit gliedern können: aus der Stille heraus. Wieder einmal habe ich erfahren: Es gehen ordnende Kräfte von seinem Wort aus, bis in die Äußerlichkeiten unseres Tagesablaufs hinein.

Ich konnte an diesem Tag ohne Hektik in aller Ruhe meine Arbeit tun. Es musste nichts liegen bleiben oder aufgeschoben werden. Es hat sich alles geordnet. Und zu einem Besuch bei meiner Frau hat es auch noch gereicht.

Im Glauben beschämt

Im Oktober 1995 wurde der Oberbürgermeister unserer Stadt von einer schweren Krankheit überfallen. Völlig unvermutet traf ihn, den gerade Fünfzigjährigen, eine Gehirnblutung, die ihn in tiefe Bewusstlosigkeit stürzte und ihn rechtsseitig lähmte. Woche um Woche lag er im Koma, regungslos, künstlich beatmet. Sein Leben hing an einem seidenen Faden. Erst nach Wochen stellte sich ganz langsam das Bewusstsein wieder ein. Mit der gesunden linken Hand konnte er erste Bewegungen andeuten.

Seit Jahren war ich mit dem Oberbürgermeister befreundet. Wir kannten uns aus der Jugendarbeit unserer Kirche, wo er lange Zeit aktiver Mitarbeiter war. Später, während meiner Bischofszeit, war er Mitglied unserer Landessynode. So war es eine Freundespflicht, dass ich ihn während seiner Krankheitszeit regelmäßig besuchte und immer wieder an seinem Bett verweilte.

Als ich wieder einmal in der Reha-Klinik bei ihm war – die Pfleger hatten ihn gerade aus dem Bett genommen und in den Rollstuhl gesetzt – traf ich bei ihm ein Ehepaar aus unserer Stadt, das zu einem Besuch bei ihm weilte. Nach einiger Zeit verabschiedeten sie sich. Ich begleitete sie zur Tür. Beim Hinausgehen zog die Frau die Zimmertür hinter sich zu und sagte draußen zu mir: »Als wir heute beim Frühstück die Losung lasen, stand uns auf einmal unser OB vor Augen. Wäre es nicht möglich, dass Jesus auch zu ihm spricht: ›Steh auf, nimm dein Bett und geh heim!‹? Dürfen wir heute nicht mehr mit Wundern Jesu rechnen und darum bitten?«

Wie benommen stand ich da. Natürlich hatte ich am Morgen auch die Losung des Tages gelesen. Aber dabei war es auch geblieben. Ich habe das gelesene Wort nicht mit in den Tag, nicht mit in das Krankenzimmer genommen. Die Brücke vom Einst zum Heute fand ich nicht. Und so war ich tief beschämt durch den Glauben dieser Frau, als ich später das Losungsbuch noch einmal aufschlug und dort unter dem 2. Juli 1996 las:

»Jesus sprach zu dem Gelähmten:
Ich sage dir, steh auf, nimm dein Bett
und geh heim! Und er stand auf
und ging alsbald hinaus vor aller Augen.«
(Markus 2,10–12)

Auch wenn das Wunder der Heilung nicht geschah und unser Oberbürgermeister seither einen schweren Leidensweg gehen muss, war für mich die Frage der Besucherin ein demütigender Impuls, der mich lehrte, noch aufmerksamer achtzuhaben auf das Reden Gottes in seinem Wort, das unsern ganzen Tag durchdringen will.

Wie die Gemeinde wächst

Diese Wochen im Januar / Februar 1997 werde ich so rasch nicht vergessen. In unserem Kirchenbezirk lief die ökumenische Aktion »Neu anfangen – Christen laden ein zum Gespräch«. Wochen und Monate hindurch hatten die Mitarbeiterinnen und Mitarbeiter sich schulen und zurüsten lassen zum Gespräch über den christlichen Glauben. Ein schmuckes, ansprechendes Buch mit zahlreichen Bildern war eigens für diese Aktion vorbereitet und gedruckt worden. Menschen aus unserer Region, jüngere und ältere, erzählten darin von ihrem Weg zum Glauben und von Erfahrungen, die sie im Alltag mit dem Glauben an Jesus machen.

Nun war der »Ernstfall« da, die heiße Phase der Aktion begann. Alle Bewohner unseres Ortes, die einen Telefonanschluss haben, wurden von 12 extra eingerichteten Telefonplätzen angerufen mit der Frage, ob wir ihnen das vorbereitete Buch vorbeibringen und schenken dürfen. Jeden Abend, zehn Tage lang, trafen wir uns im Gemeindehaus, wo die Telefone installiert waren, zum Beten und Telefonieren; manche kamen direkt von der Arbeit. Nach einer Andacht und einem Imbiss begannen die Anrufe. Höchst interessant waren die Reaktionen, von hellem Erstaunen bis zu kühler Ablehnung. Das erste Ergebnis nach zwei Wochen war beeindruckend: 1040 Personen aus dem Bereich unseres Ortes, Evangelische, Katholische, Orthodoxe und solche, die keiner Kirche angehören, waren an dem Buch interessiert. Bei den folgenden Besuchen wurden viele Menschen erreicht, die bisher keinen Kontakt zu ihrer Gemeinde hatten. Unsere Schar der Mitarbeiterinnen und Mitarbeiter ist in dieser Zeit durch das tägliche Begegnen, den offenen Austausch über die Erfahrungen und das gemeinsame Gebet zu einer festen Gemeinschaft zusammengewachsen, so wie wir das bisher nicht gekannt hatten.

Aber nun kam ja erst die entscheidende Phase der Aktion: der Zweitanruf, bei dem zu einer Reihe von Gesprächsabenden über den Glauben eingeladen werden sollte. Zehn Wohnzimmer, verstreut über den ganzen Gemeindebereich, standen für diese Abende zur Verfügung. Wir waren gespannt, wie das Echo sein würde.

Voller Erwartung griffen wir am ersten Abend der Zweitanrufe wieder zum Telefon. Das Ergebnis nach zwei Stunden: 24 der Angerufenen haben die Einladung angenommen. Große, dankbare Freude, als dieses gute Echo feststand. Am zweiten Abend waren es 30 positive Reaktionen. Dann kam der Einbruch. In den Neubauvierteln war die Bereitschaft, sich einladen zu lassen, sehr gering. Man musste schon eine ganze Portion Frust hinunterschlucken, wenn man zwei Stunden telefoniert und nur Absagen bekommt. Doch diese Talfahrt wurde überwunden, und in der zweiten Woche kletterten die Zahlen wieder nach oben. In immer größerer Spannung warteten wir am Ende der Abende auf das Ergebnis. Werden die vorbereiteten Räume für die Wohnzimmergespräche ausreichen? Man merkt in solchen Stunden, wie rasch man an die Grenzen der eigenen Möglichkeiten kommt und wie sehr man auf das Wirken und den Beistand des Heiligen Geistes angewiesen ist.

Der letzte Abend an den Telefonen. Alles läuft wie gewohnt. Nach der Telefonzeit noch einmal ein stärkender Imbiss, ein kurzer Austausch von Erfahrungen, das gemeinsame Gebet, in dem wir Gott unsern Dank für seine Hilfe darbringen. Und dann das Ergebnis: 199 Menschen aus unserem Ort haben sich zu den Gesprächskreisen einladen lassen. Alle

Abende der Woche sind besetzt, zum Teil doppelt besetzt, dazu noch einige Vormittage für Mütter mit kleinen Kindern. 16 Räume stehen zur Verfügung, ein Wunder vor unseren Augen.

Mit dankerfülltem Herzen bin ich an jenem letzten Abend nach Hause gegangen. Und schon wieder voller Erwartung, wie sich der Gesprächskreis in unserer Wohnung zusammenfinden wird, überwiegend Menschen, die wir bisher nicht kannten.

Am nächsten Morgen schlug ich beim Frühstück die Losung des Tages auf. Es war der 20. Februar 1997. Und ich las:

»Die Gemeinden wurden im Glauben gefestigt und nahmen täglich zu an Zahl.«
(Apostelgeschichte 16,5)

Genau das hatten wir erlebt. Dieses Wort war wie ein bestätigendes Siegel unter diese Aktion: innere Festigkeit – äußeres Wachstum. »Wohl uns des guten Herren.«

»Gebt unserm Gott die Ehre!«

Lange Jahre war meine Frau von Krankheiten geplagt. Immer wieder musste sie Wochen in Krankenhäusern verbringen. Ihre Kräfte schwanden mehr und mehr. Die Ärzte waren ratlos. Sie konnten zwar für den Augenblick Erleichterung verschaffen, aber nicht für Dauer helfen oder heilen. Nun hatten sich in der letzten Zeit zu allem andern auch noch schwere Schlafprobleme eingestellt. Das Schlafzentrum war durch den lange anhaltenden Sauerstoffmangel in Mitleidenschaft gezogen. Auch starke Mittel konnten ihr nicht mehr helfen. Erst gegen Morgen fiel meine Frau in einen kurzen unruhigen Schlaf. Und am Ende ging auch das nicht mehr. So schleppte sie sich kraftlos durch den Tag und nützte jede Gelegenheit, sich hinzulegen. Es war nicht nur für sie selber, sondern auch für ihre Umgebung zum Verzweifeln.

Da nannte ihre Ärztin, die selbst am Ende ihrer Möglichkeiten war, meiner Frau den Namen eines Spezialarztes. Vielleicht könnte er mit neuen Medikamenten noch einmal einen Versuch machen. Große Hoffnungen hatten wir nicht mehr, aber wir wollten diesem Rat folgen. Wider Erwarten erhielt meine Frau gleich in den nächsten Tagen dort einen Termin. Der Arzt hörte verständnisvoll zu, fragte nach und verschrieb ihr dann einige Medikamente, die wir bisher nicht kannten. Mit neuer Hoffnung holten wir die Mittel. Und siehe da – sie begannen zu wirken. Ganz langsam zwar, aber die Besserung war unverkennbar.

Etwa zwei Wochen später. Ich war an diesem Morgen früher aufgestanden und hatte allein gefrühstückt, um meine

Frau nicht zu stören, gerade jetzt, wo der Schlaf sich langsam
wieder einzustellen begann. Ich saß schon an einer Arbeit am
Schreibtisch, als meine Frau zur Tür hereinkommt, munter,
wie ich sie seit langem nicht gesehen hatte:»Heute haben wir
viel Grund zum Danken. Stell dir vor: Ich habe die ganze
Nacht durchgeschlafen! Zum ersten Mal! Durchgeschlafen!
Und hast du die Losung für heute gelesen? Da, sieh! Sie streckt
mir das Losungsbüchlein hin, das sie in der Hand hielt. Und
ich las dort unter dem 3. Mai 1997:

>*Ich will der Gnade des Herrn gedenken*
und der Ruhmestaten des Herrn in allem,
was der Herr getan hat.« *(Jesaja 63,7)*

>*Einer aber unter ihnen, als er sah,*
dass er gesund geworden war,
kehrte er um und pries Gott
mit lauter Stimme und fiel nieder
auf sein Angesicht zu Jesu Füßen
und dankte ihm.« *(Lukas 17,15-16)*

>*Ich rief zum Herrn in meiner Not:*
>*Ach Gott, vernimm mein Schreien!*‹
Da half mein Helfer mir vom Tod
und ließ mir Trost gedeihen.
Drum dank, ach Gott, drum dank ich dir;
ach danket, danket Gott mit mir!
Gebt unserm Gott die Ehre!«

Vier Wochen später. Meine Frau ist zu einem Kontrollbesuch bei ihrem Arzt. Da sagt er zu ihr, ganz unvermittelt: »Frau Sorg, dass Sie jetzt wieder schlafen können, ist ein Wunder.« Ja, so haben wir es auch empfunden. Und die Losung hat uns erinnert, das Danken nicht zu vergessen. Und so haben wir Gott gedankt, und dem Arzt, den er als sein Werkzeug benutzt hat. Wieder sind einige Wochen vergangen. Es ist der 2. August 1997. Die Besserung im Befinden meiner Frau hält an. Nach dem Frühstück lesen wir die Losung. Noch einmal begegnet uns, wie schon vor Wochen, die Geschichte von den zehn Aussätzigen und dem einen, der nach seiner Heilung durch Jesus dankbar umkehrte:

»*Aus der Tiefe rufe ich, Herr, zu dir.*
Herr, höre meine Stimme.«   *(Psalm 130,1-2)*

»*Jesus begegneten zehn aussätzige Männer;*
die standen von ferne und sprachen:
Jesus, lieber Meister, erbarme dich unser.«
      (Lukas 17,12-13)

Und dann las ich die Liedstrophe, die diesen beiden Bibelworten beigegeben war:

»*Herr, du hast mich angerührt.*
Lange lag ich krank danieder,
aber nun die Seele spürt:
Alte Kräfte kehren wieder.
Neue Tage leuchten mir.
Gott, du lebst. Ich danke dir!«
    (Jürgen Henkys nach Svein Ellingsen)

Stumm schauten wir uns an. Meine Frau fand als Erste das Wort: »Das muss noch in dein Buch!« Und so steht dieses »Denkmal« der Hilfe Gottes als Nachtrag hier, ein Zeichen der Dankbarkeit für das, was Gott durch seine »Werkzeuge« getan hat. Unsre Freude war groß, als wir dann entdeckten, dass dieser Vers die erste Strophe eines Liedes von Jürgen Henkys ist, das im neuen Evangelischen Gesangbuch steht (EG 383).

Gottes Finger

Ich möchte die Reihe dieser Erfahrungen abschließen, indem ich zeitlich noch einmal zurückgreife und ein Erlebnis schildere, das ein helles Licht auf die Führung Gottes in einem Menschenleben wirft.

In der Zeit, als Jugoslawien noch ein selbstständiges und intaktes Staatswesen war, bestand zwischen unserer württembergischen Landeskirche und der orthodoxen Kirche in Serbien eine gute ökumenische Beziehung. Es war vor allem Metropolit Jovan von Zagreb, über den diese Verbindung lief. Er, der die deutsche Sprache fließend beherrscht, hielt sich mehrfach zu Besuchen in Württemberg auf. So war es nahe liegend, dass er mich als den Bischof zu einem Gegenbesuch einlud. In seiner Diözese war durch ein Aufbaulager unseres Jugendwerkes ein im Zweiten Weltkrieg zerstörtes Kloster wieder aufgebaut und mit finanzieller Unterstützung unserer Kirche als Ökumenische Jugendbegegnungsstätte eingerichtet worden. Vor der endgültigen Fertigstellung des Klosters Lepavina sollte ich den Bau in Augenschein nehmen und durch verschiedene offizielle Besuche die Verbindung zur Serbisch-orthodoxen Kirche vertiefen.

Es war eine wunderschöne Fahrt, die uns eine Woche lang in zwei Autos durch die herrlichen Landschaften Jugoslawiens führte. Die alten Klöster mit ihrer eindrucksvollen Schönheit und ihrem reichen spirituellen Leben, die Besuche bei ehrwürdigen Bischöfen, das großartig wechselnde Bild von Bergen und Tälern – all das hinterließ tiefe Eindrücke bei uns. Heute, nach dem Ende des schrecklichen Bürgerkrieges im ehemaligen Jugoslawien, der ungezählte Menschen in Leid und Elend gestürzt hat und großartige Bauwerke zerstört hat, sieht man das alles in einem andern Licht, auch die fragwürdige Rolle der Serbisch-orthodoxen Kirche in der Anfangszeit der dortigen kriegerischen Auseinandersetzungen.

Am dritten Tag unserer Reise, es war der 6. September 1989, kamen wir gegen Abend in das Kloster Žiča, einen von Bergen umgebenen idyllischen Ort. Tiefe Stille umgab das alte Klosterareal. Mit aufrichtiger Herzlichkeit empfing uns der ehrwürdige Bischof Stephan, ein Mönch, wie alle orthodoxen Bischöfe. Am nächsten Morgen in aller Frühe feierten wir im Kloster die eindrucksvolle Heilige Liturgie und waren durch die Gesänge und biblischen Lesungen hineingenommen in das immer während Gotteslob, das ein Klosterleben bestimmt und prägt.

Nach dem Frühstück und vor der Weiterfahrt zum Kloster Studenica, dem geistlichen Mutterort der orthodoxen Serben, wollte ich mit meinen Reisegefährten noch einen kleinen Spaziergang in die Umgebung des Klosters machen, denn es wartete an diesem Tag eine 9 bis 10-stündige Autofahrt auf uns. Bald sahen wir auf einer nahegelegenen Weide eine Herde von Kühen, bewacht von einer Nonne mit einem derb geschnitzten Stock. Beim Näherkommen erkennen wir, dass es ein junges Mädchen mit ausgesprochen feinen Gesichtszügen und strahlenden Augen war. Eine Nonne bei den Kühen? Eine junge Frau im Klostergewand, fröhlich und freundlich grüßend, das gehört für uns nicht gerade zu den Alltäglichkeiten. Und so fragten wir sie auf Englisch nach ihrer Herkunft und Aufgabe, kaum erwartend, dass wir von ihr verstanden würden. Doch wie groß war unser Erstaunen, als sie uns in fließendem Englisch antwortete und uns erklärte, dass sie Kanadierin sei und hier im Kloster Žiča ihre Lebensaufgabe gefunden habe. Wir fragten sie weiter, ungläubig staunend, wie sie denn von ihrer Heimat Kanada nach Jugoslawien komme, in einen völlig anderen Kulturkreis, in eine gänzlich anders geartete

Kirchlichkeit und Spiritualität. Und wiederum antwortete sie in einer entwaffnenden Offenheit. Es waren nur zwei Worte, die sie uns sagte: »God's finger!« Gottes Finger, Gottes Hand! Wir schauten uns gegenseitig an, wie von einer anderen Wirklichkeit berührt, fragend, weil wir alles andere als eine solche Antwort erwartet hatten. Offenbar bemerkte sie unser Erstaunen; deshalb nahm sie noch einmal einen Anlauf der Erklärung, nachdrücklich jedes einzelne Wort betonend: »God's finger, really!« Gottes Finger, seine Hand, sein Leiten, wirklich, ganz gewiss!

Seit jenem Tag im Spätsommer 1989 begleiten mich diese zwei, drei Worte wie eine stille Losung. Ich kann sie nicht mehr vergessen: »God's finger, really!« Da kommt eine junge Frau aus Kanada in ein entlegenes Kloster im ehemaligen Jugoslawien, zieht das Klostergewand über, lässt alles hinter sich, was bisher ihr Leben ausgefüllt hat und sagt ganz schlicht, in fröhlicher Gewissheit: »Es war ein Fingerzeig Gottes, der mich hierher gebracht hat. Gottes Hand hat mich geführt.«

Gottes Finger! Ich weiß nicht, was in den Wirren des Krieges aus dieser jungen Schwester geworden ist; ich weiß nicht, ob sie noch lebt. Aber das denke ich seit jener Begegnung beim Kloster Žiča immer wieder: Wenn es doch mehr Menschen unter uns gäbe, die auf Gottes Fingerzeig achten, die nicht gedankenlos an seinen Wegzeichen vorübergehen, sondern aufmerksam wahrnehmen, was Gottes Finger, Gottes Hand ihnen an Zeichen der Orientierung gibt.

Für mich persönlich sind die Herrnhuter Losungen immer wieder einmal zu solchen Fingerzeigen Gottes, zu Zeichen am Wege geworden. Einige meiner Erfahrungen mit Losungsworten habe ich auf diesen Blättern niedergeschrieben. Was wünsche ich mehr, als dass Menschen, die diese Erfahrungen lesen, in ihrem Leben ähnliche Wegweisung von Gott her erleben und dann fröhlich und überzeugt sagen können: »God's finger, really!«

Autobiographische Notizen

Christ werden und Christ bleiben

Der Berliner Bischof und Ratsvorsitzende der EKD, Dr. Martin Kruse, hat vor einiger Zeit in einem Bericht vor der EKD-Synode zwei Fragen als das Generalthema der Kirche bezeichnet: Wie wird heute einer Christ? Wie kann heute einer Christ bleiben? Diese doppelte Fragestellung hat Aufsehen erregt. Die Diskussion darüber ist seitdem nicht mehr verstummt. Auf vielen Ebenen setzt sie sich fort. Allgemein gültige Antworten wird es auf diese Fragen freilich nicht geben können. Jeder kann sie nur sehr persönlich beantworten. Auch ich.

Wie ich Christ wurde? Wenn Eltern ihren Kindern den Glauben vererben könnten, hätte ich die besten Voraussetzungen gehabt: ein bewusst christliches Elternhaus, ein eindrücklicher Konfirmandenunterricht während der Kriegsjahre, dessen Inhalte ich erst später voll begriffen habe, die evangelische Jugendarbeit, in der ich aktiv mittat – das waren Vorgaben, wie man sie sich nicht besser wünschen kann. Aber gleichzeitig war da auch die andere Seite: der Einfluss der Ideologie des Nationalsozialismus, die Hitlerjugend, Lehrer, die uns in dieser Richtung beeinflussten. So brauchte es den politischen Zusammenbruch von 1945, den ich als Sechzehnjähriger auf dem Rückzug des deutschen Heeres im Allgäu erlebte, damit in meinem Leben die Kraft des biblischen Evangeliums über die Faszination des ideologisierten Denkens siegen konnte.

Ein älterer Mitarbeiter unserer evangelischen Jugendarbeit war es, ein so genannter »Laie«, der mir in jenen krisenhaften Monaten des Sommers 1945 (ich war inzwischen Schüler des Evangelischen Seminars in Schöntal an der Jagst geworden) den Weg vom Vergänglichen zum Bleibenden gewiesen hat. Erst hinterher ist mir aufgegangen, dass meine Großeltern der mütterlichen Seite, meine Eltern, die Schwester im Marbacher Kindergarten, die Leiterin im Kindergottesdienst, mein Konfirmator und manche anderen je auf ihre Weise diesen Weg vorbereitet hatten, der mich später über das Theologiestudium in den Pfarrdienst unserer Kirche geführt hat. Gott hatte eine lange Vorgeschichte mit mir, ehe daraus ein persönliches Verhältnis zu Jesus Christus wurde. Ich kann nur staunen, wie er auch durch Krisen hindurch ein Leben zu seinen Zielen lenkt. Manchmal schon habe ich über den Vers Gottfried Arnolds in unserem (früheren) Gesangbuch nachgedacht:

>*Die Wege sind oft krumm und doch gerad,*
darauf du lässt die Kinder zu dir gehn;
da pflegt es wunderseltsam auszusehn,
doch triumphiert zuletzt dein hoher Rat.«

So ist es in der Tat. So habe ich es erfahren.

Und wie ich Christ bleibe? Christsein ist weder ein Standpunkt noch ein Zustand, es ist ein Weg. Ich bin als Christ unterwegs, mitten durch die Welt, in der wir leben. Dieser Weg führt über Höhen und durch Tiefen. Manchmal scheint die Sonne, dann wieder ist es stürmisch. In allem aber ist mir mein Denkspruch die entscheidende Leitlinie, den ich bei der Konfirmation am 7. März 1943 in der Marbacher Stadtkirche mitbekommen habe: »Ich bin darin guter Zuversicht, dass, der in euch angefangen hat das gute Werk, der wird's auch vollenden bis an den Tag Christi Jesu« (Philipper 1, 6). In dieser Zuversicht versuche ich meine Tage zu gestalten und meinen Dienst zu tun.

Im Bischofsamt unserer Kirche bin ich oft extremen Belastungen ausgesetzt. Wichtig ist deshalb für mich ein geistlich geordneter Tag, die Stille Zeit am frühen Morgen, der Psalm am Abend, die Heimat in unserer Wohngemeinde am Rand von Stuttgart, soweit es zeitlich möglich ist. Seit über 30 Jahren gehöre ich einer Bruderschaft von Theologen an, in der ich für meinen Glauben und meinen Dienst Wesentliches empfange. Ich habe dort Brüder und Freunde, deren Gebet und persönliches Geleit mich stützt und trägt.

Und nicht zuletzt: Die ständige Aufgabe der Verkündigung des Evangeliums, manchmal am gleichen Wochenende auf verschiedenen Kanzeln in allen Teilen des Landes, nötigt mich zur Bewährung des eigenen Glaubens in der Konfrontation mit den Problemen der Zeit.

Ich kann nicht sagen, dass mir das immer gelingt. Auch ein Bischof kennt dunkle Stunden und manches Mal »hängt er durch«. Aber ich halte mich an das Wort meines Denkspruchs: »Gott wird's vollenden.« Darauf verlasse ich mich.

Aus: Ortsgespräch. Taschenbuch der Aktion
»Neu anfangen – Christen laden ein zum Gespräch«
in Marbach und Umgebung, 1991, Seite 28–30.

✳ ✳ ✳

Neu anfangen

Ja, ich habe oft neu anfangen müssen in meinem Leben. Jedesmal, wenn ich beruflich eine neue Aufgabe übernehmen musste, galt es neu anzufangen. Als unsere vier Kinder geboren wurden, war das für meine Frau und mich wieder ein neuer Anfang. Auch im Glauben an Jesus und auf dem Weg mit ihm leben wir von immer neuen Anfängen. Denn das Glauben ist ja kein Selbstläufer, computergesteuert, einmal richtig eingestellt – und dann läuft alles von alleine.

Als Bischof unserer Kirche bin ich, wenn ich in Afrika Gemeinden in unserer Partnerregion besucht habe, des Öfteren mit kleinen Missionsflugzeugen von Ort zu Ort geflogen; vorne der Pilot und ich, hinten der Dolmetscher und das Gepäck. Wenn die Maschine ihre Höhe erreicht hatte, stellte der Pilot auf dem Bordcomputer die Flugrichtung ein – und dann lief bis zur Landung alles von selbst. Den Steuerknüppel brauchte er nur, wenn eine Wolkenbank dazwischenkam. Wir konnten uns unterhalten, der Pilot studierte die Landkarte und machte seine Aufzeichnungen.

So einfach geht es beim Glauben nicht. Gewiss braucht er die richtige Grundeinstellung, das Ausgerichtetsein auf Jesus und sein Wort hin. Aber dann gibt es vieles, was auf dem Weg des Glaubens im konkreten Einzelfall entschieden werden muss. Denn der Glaube verläuft nicht auf Schienen, auf die er für immer festgelegt ist.

Man kann auch nicht beständig auf Hochtouren glauben. Manchmal sackt der Glaube ab, Zeiten der Müdigkeit und der Kraftlosigkeit stellen sich ein, Tiefdruckgebiete im Glauben müssen überwunden werden, manches kann zur Routine werden. Da gilt es dann, immer wieder einen neuen Anfang zu gewinnen.

Ich habe in langen Jahren herausgefunden, dass die regelmäßige Bibellese am Morgen so etwas wie eine Kompassnadel für den ganzen Tag sein kann.

Bei mir gehört seit Jahrzehnten das Losungsbüchlein der Herrnhuter Brüdergemeine dazu. Am Ende jedes Jahres trenne ich aus dem Büchlein die Blätter heraus, die ich mit einer besonderen Notiz versehen habe, weil sie wie ein Zeichen am Weg waren, weil sie mir geholfen haben, einen Weg zu finden oder einen ursprünglich vorgesehenen Weg nicht zu gehen. So ist in 50 Jahren ein stattlicher Stapel von Losungsblättern zusammengekommen.

Zum Beten gehören feste Zeiten, gehören Namen, für die ich bete, Anlässe, Situationen und Entwicklungen, die durch Gebet vorbereitet und begleitet sein wollen. Ein kleiner Zettel mit Namen, der in der Bibel liegt, kann hier eine Hilfe sein. Aber nicht nur das. Immer wieder fällt mir den Tag über etwas ein, das mich zu einem spontanen Gebet bewegt, sei es am Schreibtisch, beim Wandern oder am Steuer des Wagens. Auch wenn diese Form des Betens nach außen gar nicht sichtbar wird – genau das meint der Apostel Paulus, wenn er einmal schreibt: »Betet ohne Unterlass!« (1. Thessalonicher 5, 23). So wird das Beten von einer Handlung zu einer Haltung, die unser Leben prägt.

Und dann ist wichtig die Gemeinschaft mit denen, die mit uns im Glauben unterwegs sind. »Ohne Gemeinschaft statuiere ich kein Christentum«, hat Graf Zinzendorf einmal geschrieben. So ist es in der Tat. Das Gespräch mit Brüdern und Schwestern, der gemeinsam aus der Bibel gewonnene Rat, Ermutigung oder Korrektur, je nachdem es nötig ist – davon lebe ich. Ich brauche das, denn es gibt Zeiten, wo man mit seinem Glauben auf der Stelle tritt. Hier hilft nur ein Wort, das mir von außen gesagt wird. Aus meinem eigenen Herzen kann dieses Wort nicht kommen.

Ich bin froh, dass die Zeit hinter mir liegt, in der ich ständig große und weit reichende Entscheidungen für unsere ganze Kirche treffen musste. Mein Lebens- und Verantwortungskreis hat sich verkleinert. Aber das habe ich als »junger Ruheständler« schnell gemerkt: Der Glaube lebt von immer neuen Anfängen und Entschlüssen. Deshalb möchte ich auch in der Zukunft bei dem Gebet eines chinesischen Christen bleiben: »Herr, erneuere unsere Kirche und fange bei mir an!«

Aus: »... ein himmlisches Angebot.«
Das Buch zur Aktion »Neu anfangen –
Christen laden ein zum Gespräch«
in der Region Filder, 1997, Seite 70-72.

Gottes Wort – alle Morgen neu

(Predigt zum 250-jährigen Jubiläum der Losungen der Herrnhuter Brüdergemeine am 1. Juni 1980 in Bad Boll)

>*Die Güte des Herrn ist's,*
>*dass wir nicht gar aus sind,*
>*seine Barmherzigkeit hat noch kein Ende,*
>*sondern sie ist alle Morgen neu,*
>*und deine Treue ist groß.«*
>*(Klagelieder Jeremias 3,22–23)*

Kleine Anlässe können große Wirkungen haben. Was in einem Winkel der Welt beginnt, kann weltweite Perspektiven gewinnen, wenn Gott einer unscheinbaren Bewegung die Türen ins Weite öffnet. So ist es mit den Herrnhuter Losungen geschehen, deren 250. Jubiläum wir an diesem Tag festlich begehen.

Ein früher Morgen im Jahre 1728. Über Herrnhut, einem kleinen Dorf am Fuße des Hutbergs in der Oberlausitz, über jener Siedlung vertriebener mährischer Brüder auf dem Gute des Grafen Zinzendorf, bricht ein neuer Tag an. In der Morgendämmerung geht ein Mann von Haus zu Haus, in der Hand einen Zettel, den er zuvor bei einem der Gemeindeältesten geholt hat. Zwei, drei Klopfzeichen an jedem der 32 Häuser des Ortes, die Tür geht auf, und der Bote bringt in jede Familie die Parole für diesen Tag: Ein Wort aus der Bibel, einen Gesangbuchvers oder einfach ein paar Zeilen, die der geniale Graf selbst aus dem Augenblick gedichtet hatte. Das war die Geburtsstunde der Herrnhuter Losungen, die nun seit dem Jahre 1731 jährlich als handliches Büchlein für den täglichen Gebrauch erscheinen.

Aus diesem kleinen Anfang ist ein großer Baum mit vielen Ästen und Zweigen geworden. Inzwischen beginnen Millionen von Menschen in allen Teilen der Welt mit dem Lesen der Losungen ihren Tag. In ungezählten Familien, an Krankenbetten und in Sterbezimmern hört man auf sie. Sitzungen und Konferenzen werden mit Losung und Lehrtext eingeleitet. Kaum ein anderes Buch hat die Frömmigkeitsgeschichte des Protestantismus in den letzten zwei Jahrhunderten so nachhaltig beeinflusst und geprägt wie das Losungsbuch, das tagtäglich seine Leser und Hörer überall in der Welt miteinander verbindet. Wie einst in Herrnhut sich die Türen beim Klopfen des Losungsboten öffneten, so öffnet sich heute an jedem Morgen eine nicht zu zählende Zahl von Menschen den Klopfzeichen Gottes, die ihnen in den Losungen begegnen. Sie empfangen aus ihnen Weisung und Rat, Trost und Halt, Mahnung und Korrektur.

Gottes Wort – »alle Morgen neu«, so stand es auf dem Titelblatt des ersten gedruckten Losungsbuches: »Ein guter Muth, als das tägliche Wohl – Leben der Creutz-Gemeine Christi zu Herrnhut im Jahre 1731, durch die Erinnerung ewiger Wahrheiten, alle Morgen neu.«

Erinnerung an die ewigen Wahrheiten, alle Morgen neu! Eine Erinnerung an das, was Gott durch Jesus Christus getan hat und fortwährend unter uns tut, das wollen die Losungen auch heute sein. Deshalb Erinnerung, weil wir so leicht vergessen, was wir eigentlich wissen müssten. Weil wir die Erfahrungen unseres Glaubens so rasch verdrängen lassen von den Neuigkeiten des Tages, die in zunehmender Fülle aus Tageszeitungen und Fernsehsendungen auf uns einstürzen. Erinnerung an die ewigen Wahrheiten, das haben wir nötig! Denn wenn wir vergessen oder achtlos übergehen, was Gott als Wahrheit in unser Leben hineinschreibt, dann ist es kein Wunder, dass wir die Orientierung verlieren und keine Richtung und kein Ziel für unser Leben mehr sehen. Dann ist es nur folgerichtig, wenn wir irdische Höchstwerte an die Spitze unserer Lebensziele setzen oder uns an fragwürdige Ideologien verkaufen.

I

Gottes Wort – alle Morgen neu. Was auf dem Titelblatt der ersten gedruckten Losungsausgabe vom Jahr 1731 stand, greift zurück auf das alttestamentliche Bibelwort: »Die Güte des Herrn ist's, dass wir nicht gar aus sind, seine Barmherzigkeit hat noch kein Ende, sondern sie ist alle Morgen neu, und deine Treue ist groß.«

Dieses Wort könnte aus einem der Loblieder stammen, die im Psalter stehen, aus einem Hymnus, der überquillt von Freude und Dank über das, was Gott getan hat. Aber nun stoßen wir auf diesen Satz ausgerechnet in einem kleinen Büchlein des Alten Testaments, das den Titel „Die Klagelieder Jeremias« trägt.

Klagelieder hat es schon immer gegeben. Solange es Menschen gibt, haben sie etwas zu klagen. Das ist heute nicht anders als in vergangenen Zeiten. Mit dem einen Unterschied vielleicht, dass unsere Klagen heute sich vielfach daran entzünden, dass wir nicht noch mehr haben, dass unsere Wünsche und Ansprüche sich nicht noch rascher, noch müheloser, noch umfassender erfüllen lassen. Unsere Klagen kommen weithin aus der Unzufriedenheit; die Klagen des alttestamentlichen Frommen kamen aus der Anfechtung: »Ich bin der Mann, der Elend sehen muss durch die Rute des Grimmes Gottes. Er hat mich geführt und gehen lassen in die Finsternis und nicht ins Licht. Er hat mich eingeschlossen und ummauert, dass ich nicht heraus kann und mich in harte Fesseln gelegt« – so geht dieses Lied weiter von Strophe zu Strophe, eine einzige bewegte Klage. Sie geschieht vor einem bedrückenden Hintergrund: Hier klagt ein Mann des alten Gottesvolkes im Angesicht einer unheimlichen Katastrophe. Babylonische Soldateska war in Jerusalem eingefallen und hatte die Stadt in Trümmer gelegt. Das Haus Gottes, der Tempel, war zerstört und entweiht. Die Oberschicht des Volkes hatte man deportiert, das Land verwüstet. Was darüber hinaus der persönliche Kummer des Mannes war, der diese Klage erstmals aussprach, wissen wir nicht. Nur soviel ist deutlich: Die Not steht ihm bis an den Hals. Dreimal spricht er in diesem Kapitel davon, dass Gott ihn eingemauert habe wie mit Quadersteinen. Keine Aussicht auf Befreiung, kein Hoffnungsstrahl!

Wir sind heute weit entfernt von dieser Situation, auch wenn die Klagelieder unter uns nicht verstummen. Gewiss, es gibt immer und überall, auch heute, auch bei uns, Menschen, die sich wie eingemauert fühlen, weil sie ihre Zukunft verschlossen sehen, weil sie gefangen sind im Bannkreis einer Sucht, weil ihre Nerven dem Stress unserer Tage nicht mehr gewachsen sind. Und dass es in weiten Teilen der Welt ganze Völker und Rassen gibt, die in einer ähnlichen Situation stehen wie der Beter dieses Klageliedes, das ist uns aus vielen Berichten bekannt.

Aber wir? Kennen wir noch die Klage, wie sie uns da und dort auch im Alten Testament begegnet? Die Klage – nicht nur über die schlimmen Verhältnisse, sondern die Klage über uns selber, über unsere Schuld, über unser eigenes Versagen? Die Klage darüber, dass Gott sich von uns abgewandt hat? Die Klage, dass wir – äußerlich betrachtet – zwar alles besitzen, aber innerlich leer und ausgehöhlt sind, Menschen ohne Halt und ohne Orientierung? Die Klage, dass wir als Kirche der westlichen Welt uns nach außen hin alles Erdenkliche leisten können, aber kaum noch eine missionarische Ausstrahlung haben? Die Klage, dass wir die ungeahnte Expansion im materiellen Bereich während der letzten zwei, drei Jahrzehnte bedenkenlos mitgemacht und darüber unsere geistliche Kraft weithin verloren haben? Darüber zu klagen, uns selber anzuklagen, das würde uns heute gut anstehen! Das wäre eine Klage, die Gott hört.

II

Nur aus einer solchen Klage kann das Staunen über Gottes Güte und Barmherzigkeit wachsen: »Die Güte des Herrn ist's, dass wir nicht gar aus sind, seine Barmherzigkeit hat noch kein Ende, sondern sie ist alle Morgen neu, und deine Treue ist groß.« Mitten in einem Meer von Kummer und Tränen entdeckt der, aus dessen Mund die Klage kommt, eine rettende Insel. Nachdem er auf dieser Insel festen Boden gefunden hat, beginnt er zu begreifen, was ihm geschehen ist. Und nun kann er nur noch staunen: »Die Güte des Herrn ... alle Morgen neu.« Nur wer das Klagen vor Gott kennt, lernt auch das Staunen über Gott. Nur wer sich unter Gottes Hand gebeugt hat, ist in Gottes Hand geborgen. Wem dagegen alles zur Selbstverständlichkeit geworden ist, dessen Leben wird öde und leer, denn es kennt kein Staunen mehr. Und damit verliert es seine Spannung und seine Tiefe. Wir können uns ja an alles gewöhnen und es zur Selbstverständlichkeit werden lassen, das Hohe und Schöne, das Edle und Erhabene. Abgestumpften Sinnen wird alles selbstverständlich. Ein solches Leben, das keiner Erschütterung mehr fähig ist, wird auch unfähig zum Staunen.

Mitten in seinem so erschütternd klingenden Klagelied hält nun der Beter inne und beginnt zu staunen, weil er sich auf eine Erfahrung stellen kann, die bis zum heutigen Tag im Volke

Gottes nicht ausgestorben ist: »Die Güte des Herrn ist's, dass wir nicht gar aus sind, seine Barmherzigkeit hat noch kein Ende, sondern sie ist alle Morgen neu, und deine Treue ist groß.« Damit ist die Erkenntnis umschrieben, dass es Gnade gibt mitten im Gericht: Jeden Morgen geht die gleiche Sonne auf – und sie trifft uns doch jeweils ganz neu mit ihren wärmenden Strahlen. Sie geht auch dann über dieser Welt auf, wenn wir ihre Strahlen nicht sehen können, wenn der Himmel von Nebel bedeckt und von Wolken verhangen ist. Die Sonne ist da.

Wie einst in Herrnhut vor 250 Jahren der Bote an die Haustür klopfte, so klopft das Losungswort an jedem Morgen an die Tür unseres Herzens und sagt uns zu: Gott ist da. Seine Güte ist da. Seine Barmherzigkeit hat kein Ende. Seine Treue ist groß. Auch wenn wir vielleicht mit trüben Gedanken aufgewacht sind, wenn wir in Leid oder Leiden stehen, wenn wir Angst haben vor dem beginnenden Tag: Gott ist da. Das gilt an jedem Morgen neu. Gottes Wort spricht uns an – alle Morgen neu. Seine Gnaden, seine Gut-Taten (so heißt es wörtlich im hebräischen Text) haben kein Ende. Gott bleibt dem treu, was er erschaffen hat. Sein Ja steht über uns, auch wenn wir es durch nichts verdient haben. Selbst dann, wenn Gott uns Lasten auferlegt, die wir nicht verstehen können und unter denen wir zusammenzubrechen meinen, bleibt es dabei, dass seine Barmherzigkeit kein Ende hat und seine Treue groß ist.

Der größte Gnadenerweis Gottes aber ist, dass er seinen eingeborenen Sohn in diese Welt gesandt hat, ein Mensch wie wir und doch zugleich Gottes ewiger Sohn. Er hat am Kreuz vor Jerusalem sein Leben für unsere Menschenschuld geopfert, er wurde am dritten Tag aus den Toten auferweckt und begleitet uns nun als der Lebendige mit seinem Wort und seinem Geist Tag für Tag. Er selbst, Jesus Christus, hat die Erfahrung des alttestamentlichen Beters mit seinem eigenen Wort gegengezeichnet und bestätigt: »Siehe, ich bin bei euch alle Tage bis an der Welt Ende« (Matthäus 28, 20). Alle Tage! Jeden Morgen neu! Die Sonne geht auf, auch wenn wir nur Wolken sehen. Gottes Güte ist da, auch wenn wir die Zeichen dieser Güte manchmal nur schwer verstehen.

Gottes Wort – alle Morgen neu. Das wollen uns die täglichen Losungen der Herrnhuter Brüdergemeine bezeugen. Dafür stehen sie ein, an jedem neuen Tag, nun schon ein Viertel-Jahrtausend lang. Freilich: nicht an jedem Morgen sind unser Herz und unsre Sinne offen für das Wort der Losung. Nicht an jedem Tag sind wir in der gleichen Weise bereit zum Empfang. Es gibt hier Störungen, es gibt Schwierigkeiten und Blockierungen. Aber daran kann es keinen Zweifel geben, dass an jedem Tag irgendwo in der Welt Menschen durch das Wort der Losung getroffen und gestärkt, getröstet und ermahnt werden.

Erst am Ende dieser Weltzeit, an Gottes großem Tag, wird einmal offenbar werden, was durch das unscheinbare kleine Buch der Losungen überall in der Welt an verborgenem Segen gestiftet wurde.

Wir Menschen sind fortwährend auf der Jagd nach Neuigkeiten. Und dabei könnten wir von einer einzigen Neuigkeit leben, von der Neuigkeit, die die Losungen uns mitteilen möchten: Das Neueste vom Neuen ist und bleibt, dass Gottes Barmherzigkeit kein Ende hat. Sie nimmt nicht ab, sie wird nicht weniger, auch wenn wir sie an jedem Tag in Anspruch nehmen. Sie verbraucht sich nicht, wenn wir tagtäglich davon zehren. »Seine Barmherzigkeit hat noch kein Ende, sondern sie ist alle Morgen neu, und deine Treue ist groß.« Wohl uns des guten Herren! Amen.

hänssler

Konrad Eißler

Kostproben von Gottes Können

Gb., Bildband, durchg. farbige Fotos, 48 S.
Nr. 392.919
ISBN 3-7751-2919-7

Kurze, flotte Texte mit erstaunlicher Tiefe bringen es immer wieder auf den Punkt: wirklich erfülltes Leben bietet nur Jesus! Peppige Fotos unterstreichen Eißlers ehrliche, griffige Ausführungen. Ideal zum Verschenken!

Bitte fragen Sie in Ihrer Buchhandlung nach diesem Bildband! Oder schreiben Sie an den Hänssler-Verlag, Postfach 12 20, D-73762 Neuhausen.